# Martinésisme
## Willermosisme
# MARTINISME
## et Franc-Maçonnerie

# Martinésisme
# Willermosisme
# MARTINISME
## et Franc-Maçonnerie

PAR

## PAPUS

PRÉSIDENT DU SUPRÊME CONSEIL DE L'ORDRE MARTINISTE

∴
N

> Mais les profanes ne vous liront point, que
> vous soyez clair ou obscur, étendu ou serré.
> Il n'y a que les hommes de désir qui vous
> liront, profiteront de votre lumière ; donnez-
> la-leur aussi pure que possible, aussi dé-
> voilée que possible.
>
> Claude DE SAINT-MARTIN.

AVEC UN RÉSUMÉ DE L'HISTOIRE DE LA FRANC-MAÇONNERIE EN FRANCE
DE SA CRÉATION A NOS JOURS
ET UNE ANALYSE NOUVELLE DE TOUS LES GRADES DE L'ÉCOSSISME,
LE TOUT ÉCLAIRÉ PAR DE NOMBREUX TABLEAUX SYNTHÉTIQUES

PARIS

ÉDITION DE *L'INITIATION*

CHAMUEL, ÉDITEUR

5, rue de Savoie, 5

1899

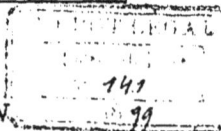

A

TOUS

LES MEMBRES DE

# L'ORDRE MARTINISTE

ET DES FRATERNITÉS AFFILIÉES

CET ESSAI

EST FRATERNELLEMENT DÉDIÉ

PAR

L'AUTEUR

MARTINÉSISME, WILLERMOSISME

# MARTINISME

ET

## FRANC-MAÇONNERIE

---

## INTRODUCTION

Tant d'erreurs ont été dites concernant le mouvement martiniste, tant de calomnies ont été proférées sur ses créateurs et sur son caractère véritable, qu'il devient utile de reprendre quelques points de son histoire et de mettre au jour la situation réelle qu'il occupe aujourd'hui vis-à-vis des diverses Sociétés rattachées à un symbolisme quelconque.

Pour permettre à tout membre de l'Ordre Martiniste, comme à tout chercheur impartial, de détruire définitivement les calomnies plus ou moins intéressées répandues sur l'Ordre, nous allons exposer très impartialement les différents aspects qu'il a présentés et qui peuvent se renfermer en quatre grandes périodes ;

1º Le Martinésisme de Martines de Pasqually ;

2º Le Willermosisme de J.-B. Willermoz ;

3º Le Martinisme de Claude de Saint-Martin ;

4º Le Martinisme contemporain.

# CHAPITRE PREMIER

## LES ILLUMINÉS. — SWEDENBORG, MARTINES ET WILLERMOZ

### LES ILLUMINÉS CHRÉTIENS. — LA ROSE-CROIX

Il est impossible de se rendre clairement compte du caractère réel du Martinisme à toute époque, si l'on n'établit pas tout d'abord la différence capitale qui sépare les sociétés d'illuminés des sociétés de francs-maçons.

La société d'illuminés est liée à l'invisible par un ou plusieurs de ses chefs. Son principe d'existence et de durée prend donc sa source dans un plan supra-humain et tout son gouvernement se fait *de haut en bas*, avec obligation, pour les membres de la fraternité, d'obéir aux chefs, quand ils sont entrés dans le cercle intérieur, ou de quitter ce cercle intérieur.

La société de francs-maçons n'est en rien liée à l'invisible. Son Principe d'existence et de durée prend sa source dans ses membres et rien que dans ses membres; tout son gouvernement se fait *de bas en haut* avec sélections successives par élection.

Il suit de là que cette dernière forme de fraternité

ne peut produire pour fortifier son existence que les chartes et les papiers administratifs communs à toute société profane; tandis que les ordres d'illuminés se réfèrent toujours au Principe invisible qui les dirige.

La vie privée, les œuvres publiques et le caractère des chefs de la plupart des fraternités d'illuminés montrent que ce Principe invisible appartient au plan divin, et qu'il n'a rien à faire avec Satan ou les démons, comme essaient de l'insinuer les cléricaux effrayés des progrès de ces sociétés.

La Fraternité d'illuminés la plus connue, antérieure à Swedenborg, et la seule dont on puisse parler au monde profane, est celle des *Frères Illuminés de la Rose-Croix*, dont la constitution et la clef seront données dans plusieurs années. Ce sont les membres de cette fraternité qui ont décidé la création de sociétés symboliques, chargées de conserver les rudiments de l'initiation hermétique, et qui ont ainsi donné naissance aux divers rites de la Franc-Maçonnerie. Il ne peut donc être établi aucune confusion entre l'illuminisme, ou centre supérieur d'études hermétiques, et la Maçonnerie ou centre inférieur de conservation réservé aux débutants. C'est seulement en entrant dans les fraternités d'illuminés que les francs-maçons peuvent obtenir la connaissance pratique de cette lumière, après laquelle ils courent de grade en grade.

### SWEDENBORG

Aux efforts incessants des frères illuminés de la Rose-Croix, l'invisible vint apporter un appoint considérable par l'illumination de Swedenborg le célèbre savant suédois.

La mission de réalisation de Swedenborg, consista surtout en la constitution d'une chevalerie laïque du Christ, chargée de défendre l'idée chrétienne dans sa pureté primitive et d'atténuer, dans l'Invisible, les déplorables effets des concussions, des accaparements de fortune et de tous les procédés chers au « Prince de ce Monde », mis en œuvre par les jésuites, sous couleur de christianisme.

Swedenborg divisa son œuvre de réalisation en trois sections :

1° La section d'enseignement constituée par ses livres et le récit de ses visions ;

2° La section religieuse, constituée par l'application rituelle de ses enseignements ;

3° La section chargée de la tradition symbolique et pratique, et constituée par les grades initiatiques du Rite swedenborgien.

Cette dernière nous intéresse seule pour le moment.

Elle était partagée en trois sections secondaires : la première élémentaire et maçonnique, la seconde élevait le récipiendaire jusqu'à l'illuminisme, et la troisième active.

La première section comprenait les grades de : apprenti, compagnon, maître et maître élu.

La seconde section comprenait les grades de : apprenti Coën (ou maître élu illuminé), compagnon Coën, maître Coën.

La troisième section comprenait les grades de : 1° maître Coën délégué à la réalisation élémentaire ou apprenti Rose-Croix; 2° chevalier Rose-Croix commandeur; 3° Rose-Croix illuminé ou kadosch (Maître grand architecte).

On remarquera que les écrivains maç.·. et entre autres Ragon n'ont eu, sur l'illuminisme, que des renseignements de seconde main et qu'ils n'ont pu donner les renseignements que nous donnons actuellement, ni voir la clef du passage d'une section à l'autre par le dédoublement du grade supérieur de chaque section.

On remarquera, de plus, que le seul vrai créateur des hauts grades est Swedenborg et que ces grades se rattachent exclusivement à l'illuminisme et ont été directement hiérarchisés et constitués par les Invisibles.

Plus tard, certains faux maçons chercheront à s'approprier les degrés d'illuminisme et ils ne parviendront qu'à étaler leur ignorance.

En effet, la possession du grade de frère illuminé de la Rose ✠ ne consiste pas en la propriété d'un parchemin et d'un ruban. Elle se prouve seulement par la possession de *pouvoirs spirituels actifs* que le parchemin et le ruban ne peuvent qu'indiquer.

Or, parmi les initiés de Swedenborg, un de ceux auxquels l'Invisible prêta particulièrement son assistance incessante fut un homme doué de grandes facultés de réalisation dans tous les plans : Martines de Pasqually, qui reçut l'initiation du Maître à Londres et qui fut chargé de la répandre en France.

## LE MARTINÉSISME

C'est grâce aux lettres mêmes de Martines que nous avons pu fixer l'orthographe exacte de son nom, estropié jusque-là par les critiques (1) ; c'est encore grâce, aux archives que nous possédons, grâce à l'appui incessant de l'invisible, que nous pourrons montrer que Martines n'a jamais eu l'idée de ramener la franc-maçonnerie à des « principes essentiels » qu'il a toujours méprisés, en bon illuminé qu'il était. Martines a passé la moitié de sa vie à combattre les néfastes effets de la propagande sans foi de ces pédants des loges, de ces pseudo-vénérables qui, abandonnant la voie à eux fixée par les *Supérieurs inconnus*, ont voulu se faire pôles dans l'Univers et remplacer l'action du Christ par la leur et les conseils de l'Invisible, par les résultats des scrutins émanés de la multitude.

En quoi consistait donc le Martinésisme ?

En l'acquisition, par la pureté corporelle, animique et spirituelle des pouvoirs qui permettent à l'homme d'entrer en relations avec les êtres invisibles, ceux que les églises appellent les anges, et de parvenir ainsi, non seulement à la réintégration personnelle de l'opérateur, mais encore à celle de tous ses disciples de bonne volonté.

Martines faisait venir dans la salle des séances ceux qui lui demandaient la lumière. Il traçait les cercles rituéliques, il écrivait les paroles sacrées, il priait avec

---

(1) *Martines de Pasqually*, par Papus, 1 vol. in-18 ; Paris 1895.

humilité et ferveur, agissant toujours au nom du Christ, ainsi qu'en ont témoigné tous ceux qui ont assisté à ses opérations et qu'en témoignent encore tous ses écrits.

Alors les êtres invisibles apparaissaient, toujours en pleine lumière. Ces êtres agissaient et parlaient : ils donnaient des enseignements élevés, invitaient à la prière et au recueillement, et cela, sans médiums endormis, sans extases ni hallucinations maladives.

Quand l'opération était terminée et que les êtres invisibles avait disparu, Martines donnait à ses disciples le moyen d'arriver eux-mêmes à produire, seuls, les mêmes résultats. Ce n'est que lorsqu'ils avaient obtenu, seuls, l'assistance réelle de l'Invisible, que Martines leur délivrait le grade de Rose-Croix, ainsi que le montrent, avec évidence, ses lettres.

L'initiation de Willermoz, qui dura plus de dix ans, celle de Claude de Saint-Martin et des autres nous montrent que le Martinésisme était consacré à autre chose qu'à la pratique de la maçonnerie symbolique, et qu'il faut n'avoir jamais été admis au seuil d'un centre réel d'Illuminisme pour confondre les discours des vénérables avec les travaux actifs des Rose-Croix martinistes.

Martines veut si peu innover qu'il conserve intégralement les noms donnés aux grades par les invisibles et transmis par Swedenborg. Il serait donc juste de dire *Swedenborgisme adapté* au lieu de Martinésisme (1).

_____

(1) Dans les mystères (du rite de Swedenborg) il est dit que lorsque l'homme, par une vie nouvelle, sainte et exemplaire,

Mais Martines considère si bien la Franc-Maçonnerie comme une école d'instruction élémentaire et inférieure que son « Maître Coën » dit : *J'ai été reçu maître Coën en passant du triangle aux cercles.* Ce qui veut dire, en traduisant les symboles : « J'ai été reçu maître illuminé en passant de la Franc-Maçonnerie à la pratique de l'Illuminisme ».

De même on demande à l'apprenti coën : « Quels sont les différents mots, signes et attouchements conventionnels des *Elus Maçons Apocryphes* ? »

Et il répond : « Pour l'apprenti Jakin, le mot de passe Tubalcaïn ; pour le compagnon Booz, le mot de passe Schiboleth, pour le Maître Makbenac, le mot de passe Giblim ».

Il fallait donc posséder non pas trois, mais au moins sept des grades de la Maçonnerie ordinaire pour devenir cohen. La lecture, même superficielle, des catéchismes est suffisante à cet égard.

Martines cherchait donc à développer chacun des membres de son ordre par le travail personnel et en lui laissant toute sa liberté et toute la responsabilité de ses actes. Il sélectait avec le plus grand soin chacun de ses membres et ne conférait les grades qu'à une réelle aristocratie de l'intelligence. Enfin il ad-

---

s'est réintégré dans sa dignité primitive, et que, par des travaux utiles, il a recouvré ses droits primitifs, alors il se rapproche de son Créateur par une vie nouvelle, spéculative, animée du souffle divin ; il est initié, *élu Coën* ; dans les instructions qu'il reçoit, il apprend les *sciences occultes* dans toutes leurs parties, qui lui font connaître les secrets de la nature, la haute chimie, l'ontologie et l'astronomie.

(*Revhellini*, 2ᵉ vol. p. 434, cité par Ragon.)

mettait à l'initiation les femmes au même titre que les hommes et sous les mêmes garanties.

Des initiés, une fois entraînés, se réunissaient entre eux pour s'aider mutuellement, et ces réunions étaient tenues aux époques astronomiques déterminées à cet effet. Ainsi se constitua cette chevalerie du Christ, chevalerie laïque, tolérante et s'éloignant des pratiques habituelles aux divers clergés.

Poursuite individuelle de la réintégration par le Christ, groupement des efforts spirituels pour aider les faibles et les commençants : tel est, en résumé, le rôle du Martinésisme.

Rappelons maintenant sa situation en France.

Le Martinésisme recruta ses disciples, soit par action directe, comme ce fut le cas pour Claude de Saint-Martin, soit, bien plus généralement, parmi les hommes déjà titulaires de hauts grades maçonniques.

En 1754, Martines se trouvait en présence : 1° d'une part, de la Franc-Maçonnerie venue d'Angleterre et constituant la Grande Loge Anglaise de France (depuis 1743) qui devait bientôt devenir la Grande Loge de France (1756) et donner naissance aux intrigues du maître de danse Lacorne. Cette maçonnerie tout élémentaire et constituée par les trois grades bleus (apprenti, compagnon, maître) était sans prétention et formait un excellent centre de sélection.

2° A côté de cette Loge Anglaise existait, sous le nom de *Chapitre de Clermont*, un groupe pratiquant le système templier que Ramsay avait, en 1728, adjoint à la Maçonnerie avec des grades portant les noms de : « Écossais, Novice, Chevalier du

Temple, » etc. Une courte explication est ici nécessaire,
Un des représentants les plus actifs de l'initiation
templière avait été Fénelon, qui, dans ses études de
kabbale, était entré en relations avec plusieurs kab-
balistes et hermétistes. Lorsque, après sa lutte avec
Bossuet, Fénelon fut forcé de fuir le monde et de
s'exiler dans une pénible inactivité, il combina avec
soin un plan d'action qui devait tôt ou tard assurer
la revanche.

Le chevalier de Ramsay fut soigneusement initié
par Fénelon et chargé d'exécuter ce plan avec l'appui
des Templiers qui assureraient en même temps leurs
vengeance.

Le chevalier de Bonneville venait, en 1754, d'établir le *Chapitre de Clermont* au moyen de ces grades
templiers et poursuivait un but politique et une révolution sanglante que Martines ne pouvait approuver,
pas plus qu'aucun vrai chevalier du Christ. Aussi,
non seulement Martines, mais encore les disciples à
tous les degrés de son Ordre, comme Saint-Martin et
Willermoz, combattront avec énergie ce rite templier
qui parviendra à une partie de ses fins en 1789
et en 1793 et fera guillotiner la plupart des chefs du
Martinisme. Mais n'anticipons pas.

3° En dehors de ces deux courants, il y avait encore
d'autres représentants de l'Illuminisme en France.
Citons tout d'abord Pernety qui traduisit *le Ciel et
l'Enfer* de Swedenborg et qui devait constituer le système des *Illuminés d'Avignon* (1766) et prendre une
part importante à la constitution des Philalèthes (1773).
Il faut rattacher au même centre l'œuvre de Chas-

tenier (Bénédict), qui, en 1767, jeta à Londres les premières bases de son rite des *Illuminés Théosophes* qui brilla particulièrement à partir de 1783.

Ainsi l'Illuminisme crée plusieurs groupes qui sont reliés entre eux par un but commun et par des guides invisibles venus du même centre et qui se réuniront par la suite tous sur le plan physique.

C'est à Martines que revient l'œuvre la plus féconde dans cette action, car c'est à lui qu'ont été donnés par le ciel ces « pouvoirs actifs » que ses disciples rappelleront toujours avec admiration et respect.

Au point de vue administratif, le Martinésisme suivra exactement les grades de Swedenborg, ainsi que nous le constaterons dans la lettre de Martines du 16 juin 1760.

Le titre de Maître Grand Architecte résume en effet les trois grades de la troisième section.

Sous l'autorité d'un tribunal souverain se constitueront les loges et les groupes de province, dont on pourra suivre la naissance et l'évolution dans les lettres que nous avons publiées.

## LE WILLERMOSISME

Des disciples de Martines, deux méritent particulièrement de fixer notre attention par leurs œuvres de réalisation, ce sont : Willermoz de Lyon et Claude de Saint-Martin.

Occupons-nous d'abord du premier. Jean-Baptiste Willermoz, négociant lyonnais, était maçon quand il commença sa correspondance initiatique avec Martines.

Habitué à la hiérarchie maçonnique, aux groupements et aux loges, il concentrera son œuvre de réalisation vers ce but et il tendra toujours à constituer des réunions et des loges d'illuminés, tandis que Saint-Martin portera ses efforts surtout vers le développement individuel.

Mais l'œuvre capitale de Willermoz sera l'organisation des congrès maçonniques ou *Convents*, qui permirent aux Martinistes de démasquer, par avance, l'œuvre fatale des Templiers et qui présentèrent le Martinisme sous son caractère véritable d'Université intégrale et impartiale de la Science hermétique.

Quand Martines commença son initiation, Willermoz était vénérable régulier de la loge *la Parfaite Amitié* de Lyon, poste qu'il occupa de 1752 à 1763. Cette loge dépendait de la Grande Loge de France.

En 1760, une première sélection avait été opérée et tous les membres pourvus du grade de Maître avaient constitué une Grande Loge des Maîtres de Lyon avec Willermoz comme Grand Maître.

En 1765, une nouvelle sélection fut opérée par la création d'un *Chapitre des Chevaliers de l'Aigle-Noir*, placé sous la direction du Dr Jacques Willermoz, frère cadet du précédent.

En même temps, Jean-Baptiste Willermoz quittait la présidence de la Loge ordinaire et de la Loge des Maîtres qui était placée sous la direction de f∴ Sellonf, pour se mettre à la tête de la loge des

*Élus Cohens*, formée avec les meilleurs éléments du Chapitre.

Sellonf, le D$^r$ Willermoz et J.-B. Willermoz formaient un *Conseil secret* ayant la haute main sur tous les frères de Lyon.

Occupons-nous d'abord de ce qui se passait dans la loge des Cohens et nous parlerons ensuite des convents.

Il résulte formellement des documents actuellement placés sous la garde du Suprême Conseil Martiniste et venant directement de Willermoz que les séances, réservées aux membres pouvant justifier de leur titre d'illuminés, étaient consacrées à la prière collective et aux opérations qui permettaient la communication directe avec l'Invisible. Nous possédons tous les détails concernant le mode de cette communication ; mais ils doivent être exclusivement réservés au Comité directeur du Suprême Conseil. Ce que nous devons révéler et ce qui jettera une grande lumière sur beaucoup de points, c'est que les initiés nommaient l'être invisible qui se communiquait le *Philosophe Inconnu* ; que c'est lui qui a donné, en partie, le livre « des Erreurs et de la Vérité », et que Claude de Saint-Martin n'a pris pour lui seul ce pseudonyme que plus tard et par ordre. Nous donnons les preuves de cette affirmation dans notre volume sur Saint-Martin.

Mais ce que nous tenons à affirmer dès maintenant, c'est que la spiritualité la plus grande, la soumission la plus entière aux volontés du Ciel et les prières les plus ardentes à N.-S. Jésus-Christ n'ont jamais cessé de précéder, d'accompagner et de terminer les séances présidées par Willermoz (1). Après cela, si les cléricaux veulent toujours voir un diable poilu et cornu dans toute influence invisible et sont disposés à confondre toujours tout ce qui est extra-terrestre avec les influences inférieures; cela les regarde et nous ne pouvons que déplorer un tel parti pris qui ouvre la porte à toutes les mystifications et à toutes les railleries. Le Willermosisme, comme le Martinésisme et le Martinisme, a toujours été exclusivement chrétien, mais n'a jamais été clérical, et pour cause. Il rend à César ce qui est à César et au Christ ce qui est au Christ ; mais il ne vend pas le Christ à César.

L' « Agent ou Philosophe Inconnu » avait dicté 166 cahiers d'instruction, desquels Claude de Saint-Martin avait pris connaissance et dont il avait copié quelques-uns de sa main. Sur ces cahiers, 80 environ furent détruits dans les premiers mois de 1790 par l'agent lui-même, qui voulait éviter de les voir tomber

---

(1) J'ai connu beaucoup de Martinistes, soit de Lyon, soit de différentes villes des provinces méridionales. Bien loin de paraître attachés aux opinions des philosophes modernes, ils faisaient profession de mépriser leurs principes. Leur imagination, exaltée par l'obscurité des écrits de leur patriarche, les disposait à tous les genres de crédulité : quoique plusieurs fussent distingués par des talents et des connaissances, ils avaient l'esprit sans cesse occupé de revenants et de prodiges. Ils ne se bornaient point à suivre les préceptes de la religion dominante; mais ils se livraient aux pratiques de dévotion en usage dans la classe la moins instruite. En général, leurs mœurs étaient très régulières. On remarquait un grand changement dans la conduite de ceux qui, avant d'adopter les opinions des Martinistes, avaient vécu dans la dissipation et la recherche des plaisirs. (Mounier, *Influence des Illuminés dans la Révolution*; Paris, 1822, in-8, p. 157.)

aux mains des envoyés de Robespierre, qui firent des efforts inouïs pour les atteindre.

## LES CONVENTS

En 1778, le 12 août, Willermoz, annonçait la préparation du *Convent des Gaules* qui fut tenu à Lyon du 25 novembre au 27 décembre.

Ce convent avait pour but d'épurer le système écossais en détruisant tous les mauvais germes qu'y avaient introduits les Templiers. C'est de cette réunion que sortit la première condamnation, sous l'influence des Illuminés de tous pays, du système de vengeance sanglante, qui se préparait en silence dans certaines loges.

Le résultat des travaux de ce convent est renfermé dans le *Nouveau Code des loges rectifiées de France* qui figure parmi nos archives et a vu le jour en 1779.

Pour comprendre la nécessité de cet effort vers l'union, il faut se souvenir que le monde maçonnique était en pleine anarchie.

Le Grand Orient de France était né en 1772, grâce à l'usurpation de la Grande Loge de France par Lacorne et les siens, dirigés en sous-main par les Templiers qui, après avoir établi le Chapitre de Clermont, s'étaient transformés, en 1760, en Conseil des Empereurs d'Orient et d'Occident, puis en Chevaliers d'Orient (1762), et enfin étaient entrés au Grand Orient à la suite de Lacorne.

Grâce à leur influence, le système des loges fut

profondément modifié; partout le régime parlementaire avec élections successives de tous les officiers remplaça l'ancienne unité et l'autorité hiérarchique. Dans le désarroi causé partout par cette révolution, les Martinistes intervinrent pour apporter à tous la conciliation. De là ce premier convent de 1778 et ses efforts pour empêcher les dilapidations financières qui se faisaient partout.

Encouragé par ce premier succès, J.-B. Willermoz convoqua, dès le 9 septembre 1780, « toutes les grandes loges écossaises de l'Europe au Convent de Wilhemsbad, près de Hanau (Ragon, p. 162). Le Convent s'ouvrit le mardi 16 juillet 1782, sous la présidence de Ferdinand de Brunswick, un des chefs de l'Illuminisme international. De ce Convent sortirent l'*Ordre des Chevaliers bienfaisants de la Cité sainte de Jérusalem* et une nouvelle condamnation du système templier.

Ainsi le Willermosisme tend toujours au groupement des fraternités initiatiques, à la constitution de collectivités d'initiés dirigées par des centres actifs reliés à l'Illuminisme. C'est à tort qu'on a cru que Willermoz avait abandonné les idées de ses maîtres ; c'était mal connaître son caractère élevé. Toujours, jusqu'à sa mort, il a voulu établir la Maçonnerie sur des bases solides en lui donnant comme but la pratique de la vertu pour ses membres et de la charité envers les autres ; mais il a toujours tendu à faire des loges et des chapitres un centre de sélection pour les groupes d'Illuminés. La première partie de son œuvre était patente, la seconde occulte ; c'est pourquoi les personnes peu informées peuvent voir Willermoz autrement que sous son véritable caractère.

Après la tourmente révolutionnaire, après que son frère eut été guillotiné avec tous ses initiés et que lui-même eut échappé par miracle au même sort, c'est encore lui qui restitue en France la Franc-Maçonnerie spiritualiste, grâce aux rituels qu'il avait pu sauver du désastre. Telle fut l'œuvre de ce Martiniste, auquel nous consacrerons aussi tout un volume, si Dieu le permet.

# CHAPITRE II

## CLAUDE DE SAINT-MARTIN ET LE MARTINISME

## SAINT-MARTIN ET LA FRANC-MAÇONNERIE

### CLAUDE DE SAINT-MARTIN ET LE MARTINISME

Si l'on ne connaissait même pas la façon d'écrire le nom de Martines, si l'on ne savait pas davantage au sujet de l'œuvre réelle de Willermoz, avant l'apparition des lettres de Pasqually que nous avons publiées, par contre on a beaucoup écrit, et de bien drôles de choses, sur Claude de Saint-Martin.

Les critiques, les analyses, les suppositions et aussi les calomnies faites à ce propos sont uniquement basées sur les œuvres et les lettres éxotériques du *Philosophe Inconnu*. Sa correspondance d'initié, adressée à son collègue Willermoz, montre quelles erreurs de fait ont commises les critiques et, en particulier, M. Matter. Il est vrai qu'on ne pouvait pas tirer mieux des documents actuellement connus, surtout quand on ne possède aucune lumière sur les clefs que donne l'Illuminisme à ce sujet. Aussi attendrons-nous, pour mettre ces lettres au jour, que quelques nouvelles inexactitudes aient été produites sur le compte du grand réalisateur martiniste, de façon à détruire en une fois bien des naïvetés et bien des légendes.

Si Willermoz fut surtout chargé du groupement des éléments martinistes, et de l'action en France, Claude de Saint-Martin reçut la mission de créer l'initiation individuelle et de porter son action aussi loin que possible. A cet effet, il fut admis à étudier complètement les enseignements de l' « Agent inconnu » et nous possédons, dans les archives de l'Ordre, plusieurs cahiers copiés et annotés de la main de Saint-Martin.

Ainsi que nous l'avons dit précédemment, le livre *des Erreurs et de la Vérité* est presque entièrement dû à cette origine invisible, et c'est là qu'il faut voir la cause de l'émotion provoquée, dans les centres d'initiation, par l'apparition de ce livre, émotion que les critiques cherchent avec tant de peine à expliquer. Ce point, comme bien d'autres, sera éclairci quand il le faudra.

Outre ses études se rattachant à l'Illuminisme, commencées auprès de Martines et poursuivies avec Willermoz, Claude de Saint-Martin s'occupa activement d'hermétisme pratique et un peu d'alchimie. Il avait à Lyon un laboratoire organisé à cet effet.

Mais laissons là sa vie, que nous ne voulons rétablir complètement que plus tard, et occupons-nous seulement de son œuvre au point de vue qui nous intéresse.

Ayant à porter son action au loin, Claude de Saint-Martin était obligé de faire certaines réformes dans le Martinésisme. Aussi les auteurs classiques de la Franc-

Maçonnerie ont-ils donné le nom du grand réalisateur à son adaptation et désignent-ils sous le nom de *Martinisme* le mouvement issu de Claude de Saint-Martin. Il est bien amusant de voir certains critiques, que nous nous abstiendrons de qualifier, s'efforcer de faire croire que Saint-Martin ne fonda jamais aucun ordre. Il faut vraiment croire les lecteurs bien mal informés pour oser soutenir naïvement une telle absurdité. C'est l'Ordre de Saint-Martin qui, ayant pénétré en Russie sous le règne de la Grande Catherine, obtint un tel succès qu'une pièce fut jouée à la cour, entièrement consacrée au Martinisme qu'on cherchait à ridiculiser. C'est à l'Ordre de Saint-Martin que se rattachent les initiations individuelles rapportées dans les mémoires de la baronne d'Oberkierch : enfin l'auteur classique de la Franc-Maçonnerie, le positiviste Ragon, qui n'est cependant pas tendre pour les rites d'Illuminés, décrit pages 167 et 168 de son *Orthodoxie maçonnique* les changements opérés par Saint-Martin pour constituer le Martinisme (1).

---

(1) Nous avons été surpris de voir le judicieux auteur de *l'Histoire de la Fondation du Grand-Orient de France* se plaire à déprimer « l'Ecossisme » réformé de Saint-Martin, dans lequel il ne trouve que des *superstitions ridicules et des croyances absurdes*. Nous n'ignorons pas que la plupart des copies existantes de ce rit sont tellement altérées, qu'elles peuvent induire en erreur l'homme le plus instruit ; mais nous observerons : 1° que de grandes lumières, jointes au talent d'écrire, assurent à Saint-Martin un rang distingué parmi les « Sectaires particuliers » ; 2° que c'était du moins une entreprise louable que celle de resserrer dans un cercle étroit ce dédale de grades incohérents, enfantés par le caprice ou l'orgueil ; 3° que la filiation des grades de Saint Martin, nous paraît présenter un système assez suivi, un ensemble que peut saisir facilement

Nous savons bien que ces critiques ne valent guère la peine d'être prises plus au sérieux que leurs auteurs et que certains francs-maçons pardonneront difficilement à Saint-Martin d'avoir, toute sa vie, méprisé la Franc-Maçonnerie positiviste, au même titre que Martines, et de l'avoir ramenée à son véritable rôle d'école élémentaire et de centre d'instruction symbolique inférieur. Quand on veut nier des faits historiques, on se ridiculise, et voilà tout. Celui que les critiques universitaires ont appelé le Théosophe d'Amboise était donc un réalisateur très pratique sous son apparence mystique. Il employa, de même que Weishaupt (Voy. *Lettres à Caton Zwach*, 16 février 1781), l'initiation individuelle et, grâce à ce procédé, donna à l'Ordre une facilité d'adaptation et d'extension que lui envient bien des rites maçonniques. Il est tellement vrai que Saint-Martin fut le grand diffuseur de la Chevalerie chrétienne de Martines, que les attaques les plus violentes ont été portées contre son œuvre, son caractère, et même sa vie.

Il faudrait tout un volume pour répondre en détail à ces attaques ; aussi nous bornerons-nous, dans cette courte étude, à indiquer, en nous servant surtout des

---

tout initié dans l'art royal. Enfin, chaque grade en particulier suppose une connaissance profonde de la Bible, que personne, en effet, ne possédait mieux que lui-même dans les textes originaux, connaissance assez rare parmi les maçons. On pourrait peut-être seulement lui reprocher de s'être trop appesanti sur les détails.

DE L'AULNAYE,
*Thuileur Général.*

documents déjà imprimés (1), quel était le véritable caractère du Martinisme à l'époque de Saint-Martin.

## ATTACHEMENT DE SAINT-MARTIN POUR L'ENSEIGNEMENT DE MARTINES

« Mon premier maître, à qui je faisais de semblables questions dans ma jeunesse, me répondait que si, à soixante ans, j'avais atteint le terme, je ne devais pas me plaindre. Or, je n'en ai encore que cinquante. *Tâchez de sentir que les meilleures choses s'apprennent et ne s'enseignent point, et vous en saurez plus que les docteurs.*

« Notre première école a des choses précieuses. Je suis même tenté de croire que M. Pasqually, dont vous me parlez (et qui, puisqu'il faut vous le dire, était notre maître) avait la clef active de tout ce que notre cher B... expose dans ses théories, mais qu'il ne nous croyait pas en état de porter de si hautes vérités. Il avait aussi des points que notre ami B... ou n'a pas connus, ou n'a pas voulu montrer, tels que la *résipiscence* de l'être pervers, à laquelle le premier homme aurait été chargé de travailler ; idée qui me paraît encore être digne du plan universel, mais sur laquelle cependant je n'ai encore aucune démonstration positive, excepté par l'intelligence. Quant à *Sophia* et au *Roi du Monde*, il ne nous a rien dévoilé sur cela ; il nous a laissés dans les notions ordinaires du monde

_____

(1) Nous nous servons, pour ces extraits, de la correspondance de Saint-Martin avec Kirchberger.

et du démon. Mais je n'assurerai pas pour cela qu'il n'en eût pas connaissance ; et je suis persuadé que nous aurions fini par y arriver, si nous l'eussions conservé plus longtemps.

« Il résulte de tout ceci que c'est un excellent mariage à faire que celui de notre première école et de notre ami B... C'est à quoi je travaille ; et je vous avoue franchement que je trouve les deux époux si bien partagés l'un et l'autre que je ne trouve rien de plus accompli : ainsi prenons-en ce que nous pourrons, je vous aiderai de tout mon pouvoir. »

## L'INITIATION MARTINISTE. — SON CARACTÈRE
### HAUTE SPIRITUALITÉ

« La seule initiation que je prêche et que je cherche de toute l'ardeur de mon âme est celle par où nous pouvons entrer dans le cœur de Dieu et faire entrer le cœur de Dieu en nous, pour y faire un mariage indissoluble, qui nous rend l'ami, le frère, et l'épouse de notre divin Réparateur. Il n'y a pas d'autre mystère pour arriver à cette sainte initiation que de nous enfoncer de plus en plus dans les profondeurs de notre être, et de ne pas lâcher prise, que nous ne soyons parvenus à en sortir la vivante et vivifiante racine ; parce qu'alors tous les fruits que nous devrons porter, selon notre espèce, se produiront naturellement en nous et hors de nous, comme nous voyons que cela arrive à nos arbres terrestres, parce qu'ils sont adhérents à leur racine particulière, et qu'ils ne cessent pas d'en pomper le suc. »

### FEU-SOUFFRANCE

« Lorsque nous souffrons pour nos propres œuvres, fausses et infectées, le feu est corrosif et brûlant, et cependant il doit l'être moins que celui qui sert de source à ces œuvres fausses; aussi ai-je dit, plus par sentiment que par lumière (dans *l'Homme de désir*), que la pénitence est plus douce que le péché. Lorsque nous souffrons pour les autres hommes, le feu est encore plus voisin de l'huile et de la lumière; aussi, quoiqu'il nous déchire l'âme et qu'il nous inonde de pleurs, on ne passe point par ces épreuves sans en retirer de délicieuses consolations et les substances les plus nourrissantes. »

### CARACTÈRE ESSENTIELLEMENT CHRÉTIEN DU MARTINISME

Les cléricaux ont fait tous leurs efforts, à toute époque, pour conserver pour eux seuls la possibilité des communications avec le plan divin. D'après leur prétention, toute communication qui ne vient pas par leur influence est due soit à Satan, soit à quelques autres démons. Ils ont même poussé la calomnie jusqu'au point de prétendre que les Martinistes n'étaient pas chrétiens et que ce n'était pas le Christ qu'ils servaient, mais je ne sais quel diable, déguisé sous ce nom.

Voici, en attendant, la réponse de Claude de Saint-Martin à ces niaiseries :

« Mais j'ajoute que les éléments mixtes sont le médium que le Christ devait prendre pour venir jusqu'à nous, au lieu que nous, nous devons briser, traverser ces éléments pour arriver jusqu'à lui, que tant que nous reposerons sur ces éléments, nous sommes encore en arrière.

.·.

« Néanmoins, comme je crois parler à un homme mesuré, calme et discret, je ne vous cacherai point que, dans l'école où j'ai passé, il y a plus de vingt-cinq ans, les *communications* de tout genre étaient nombreuses et fréquentes, et j'en ai eu ma part comme beaucoup d'autres, et que, dans cette part, tous les signes indicatifs du réparateur étaient compris. Or, vous n'ignorez plus que ce réparateur et la cause active sont la même chose.

.·.

יהוה

« Je crois que la parole s'est toujours communiquée directement et sans intermède depuis le commencement des choses. Elle a parlé directement à Adam, à ses enfants et successeurs, à Noé, à Abraham, à Moïse, aux prophètes, etc., jusqu'au temps de Jésus-Christ. Elle a parlé par le grand nom, et elle voulait si bien le transmettre elle-même directement, que, selon la loi lévitique, le grand prêtre s'enfermait seul dans le Saint des Saints pour le prononcer ; et que

même, selon quelques traditions, il avait des son-
nettes au bas de sa robe pour en couvrir la prononciation aux oreilles de ceux qui restaient dans les
autres enceintes.

יהשׁוֹה

« Lorsque le Christ est venu, il a rendu encore la prononciation de ce mot plus centrale ou plus intérieure,
puisque le grand nom que ces quatre lettres exprimaient
est l'explosion quaternaire ou le signal crucial de toute
vie ; au lieu que Jésus-Christ, en apportant d'en haut
le שׁ des hébreux, ou la lettre S, a joint le saint ternaire lui-même au grand nom quaternaire, dont trois
est le principe. Or, si le quaternaire devait trouver en
nous sa propre source dans les ordinations anciennes,
à plus forte raison le nom du Christ doit-il aussi
attendre de lui exclusivement toute son efficacité et
toute sa lumière. Aussi nous a-t-il dit de nous en-
fermer dans notre chambre, quand nous voudrions
prier : au lieu que, dans l'ancienne loi, il fallait absolument aller adorer au Temple de Jérusalem ; et ici, je
vous renverrai aux petits traités de votre ami sur la
pénitence, la sainte prière, le vrai abandon, intitulés :
*Der Weg zu Christ;* vous y verrez, à tous les pas, si
tous les modes humains ne sont pas disparus, et s'il
est possible que quelque chose vous soit transmis
véritablement, si l'esprit ne se crée pas en nous,
comme il se crée éternellement dans le principe de la
nature universelle, où se trouve en permanence l'image
d'où nous avons tiré notre origine, et qui a servi de
cadre au *Menschwerdung.* Sans doute, il y a une

grande vertu attachée à cette prononciation véritable, tant centrale qu'orale, de ce grand nom et de celui de Jésus-Christ qui en est comme la fleur. La vibration de notre air élémentaire est une chose bien secondaire dans l'opération par laquelle ces noms rendent sensible ce qui ne l'était pas. Leur vertu est de faire aujourd'hui et à tout moment ce qu'ils ont fait au commencement de toutes choses pour leur donner l'origine; et comme ils ont produit toute chose avant que l'air existât, sans doute qu'ils sont encore au-dessus de l'air, quand ils remplissent les mêmes fonctions; et il n'est pas plus impossible à cette divine parole de se faire entendre auditivement, même à un sourd et dans un lieu privé d'air, qu'il n'est difficile à la lumière spirituelle de se rendre sensible à nos yeux même physiques, quand même nous serions aveugles et enfoncés dans le cachot le plus ténébreux. Lorsque les hommes font sortir les paroles hors de leur vraie place, et qu'ils les livrent par ignorance, imprudence ou impiété, aux régions extérieures ou à la disposition des hommes du torrent, elles conservent sans doute toujours de leur vertu, mais elles en retirent toujours aussi beaucoup à elles, parce qu'elles ne s'accommodent pas des combinaisons humaines; aussi ces trésors si respectables n'ont-ils fait autre chose qu'éprouver du déchet, en passant par la main des hommes; sans compter qu'ils n'ont cessé d'être remplacés par des ingrédients ou nuls ou dangereux, qui, produisant aussi des effets, ont fini par remplir d'idoles le monde entier, parce qu'il est le temple du vrai Dieu, qui est le centre de la parole. »

Ne terminons pas cet extrait sans faire remarquer que c'est à Saint-Martin lui-même que l'Ordre est redevable, non seulement du sceau, mais encore du nom mystique du Christ (יהשוה), qui orne tous les documents officiels du Martinisme.

Il faut vraiment la mauvaise foi d'un clérical pour venir prétendre que ce nom sacré se rapporte à une autre personne que N.-S. Jésus-Christ, le Verbe divin créateur. M. Antonini qui dans son livre *Doctrine du Mal* prétend que le schin hébraïque satanise tous les mots où il entre, montre simplement qu'il est incapable de rien comprendre au symbolisme.

## LE MARTINISME EST CHRÉTIEN ; MAIS SON ESPRIT EST NETTEMENT ANTICLÉRICAL

« C'est bien l'ignorance et l'hypocrisie des prêtres qui est une des causes principales des maux qui ont affligé l'Europe depuis plusieurs siècles jusqu'à ce jour.

« Je ne compte pas la prétendue transmission de l'Église de Rome, qui, à mon avis, ne transmet rien comme Église, quoique quelques-uns de ses membres puissent transmettre quelquefois, soit par leur vertu personnelle, soit par la foi des ouailles, soit par une volonté particulière du bien. »

## LA PRATIQUE. — LES ÊTRES ASTRAUX

Comme tout illuminé, Saint-Martin sait insister sur le danger des communications avec les astraux.

Témoin cet extrait de la correspondance des deux amis.

Ne pourrait-on pas nommer les trois royaumes que votre école désignait « *naturel, spirituel* et *divin* », *naturel, astral* et *divin?*

Toutes ces manifestations qui viennent à la suite d'une initiation, ne seraient-elles pas du règne astral, et dès que l'on a mis les pieds dans ce domaine, n'entre-t-on pas en société avec les êtres qui l'habitent, dont la plupart, s'il m'est permis, dans un sujet semblable, de me servir d'une expression triviale, sont mauvaise compagnie? N'entre-t-on pas en société avec des êtres qui peuvent tourmenter, jusqu'à l'excès l'opérateur qui vit dans cette foule, au point de lui susciter le désespoir et de lui inspirer le suicide, témoin Schropfer et le comte de Cagliostro! Sans doute qu'il restera aux initiés des moyens plus ou moins efficaces pour se garantir des visions ; mais en général, il me semble que cette situation qui est hors de l'ordre établi par la Providence peut plutôt avoir des suites funestes que favorables pour notre avancement.

### SAINT-MARTIN ET CAGLIOSTRO

Cela nous amène à montrer en quelle méfiance l'illuminé français tenait l'envoyé des frères Templiers d'Allemagne. Nul mieux que Saint Martin ne pouvait juger de la réalité de certains faits produits par Cagliostro, des influences très élevées qui, parfois, se manifestaient ; mais aussi des détestables entités qui ne manquaient pas, à d'autres moments, de s'emparer de l'esprit et des âmes des assistants.

### CAGLIOSTRO

Je découvris, par des discours, que leur maître, malgré l'abjection de son état moral, avait opéré par la parole et qu'il avait même transmis à ses disciples la connaissance d'opérer de la même façon pendant son absence.

Un exemple marquant dans ce genre, et que j'ai appris, il y a un couple d'années, est celui qui arriva à la consécration de la loge maçonnique égyptienne à Lyon, le 26 juillet 556, suivant leur calcul, qui me paraît erroné. Les travaux durèrent trois jours, les prières cinquante-quatre heures ; il y avait vingt-sept membres assemblés. Dans le temps que les membres prièrent l'Éternel de manifester son approbation par un signe visible, et que le maître était au milieu de ses cérémonies, le Réparateur parut, et bénissait les membres de l'assemblée. Il était descendu devant un nuage bleu qui servait de véhicule à cette apparition ; peu à peu il s'éleva encore sur ce nuage qui, du moment de son abaissement du ciel sur la terre, avait acquis une splendeur si éblouissante, qu'une jeune fille C., présente, n'en put soutenir l'éclat. Les deux grands prophètes et le législateur d'Israël leur donnèrent aussi des signes d'approbation et de bonté. Qui pourrait, avec quelque vraisemblance, mettre la ferveur et la piété de vingt-sept membres en doute ? Cependant, quel était l'instituteur de la loge et l'ordonnateur, quoique absent des cérémonies ? Cagliostro ! Ce seul mot suffit pour faire voir que l'erreur et les formes empruntées peuvent être la suite de la bonne foi et des intentions religieuses de vingt-sept membres assemblés.

## MARTINISME ET MATÉRIALISME

L'œuvre dangereuse de Cagliostro n'était pas la seule que Saint-Martin se soit efforcé de combattre. Il a aussi fait tous ses efforts pour lutter contre les progrès des « philosophes » (comme on les appelait) qui s'efforçaient de précipiter la révolution en répandant dans toute l'Europe les principes de l'athéisme et du matérialisme. C'étaient encore les templiers qui menaient ce mouvement parfaitement organisé et que les extraits de Kirchberger vont nous révéler.

« L'incrédulité s'est formé actuellement un club très bien organisé. C'est un grand arbre qui ombrage une partie considérable de l'Allemagne qui porte de bien mauvais fruits, et qui pousse ses racines jusques en Suisse. Les adversaires de la religion chrétienne ont leurs affiliations, leurs observateurs et leur correspondance très bien montée ; pour chaque département, ils ont un provincial qui dirige les agents subalternes ; ils tiennent les principaux journaux allemands dans leur manche ; ces journaux sont la lecture favorite du clergé qui n'aime plus à étudier ; dans ces journaux, ils prônent les écrits qui donnent dans leur sens et maltraitent tous les autres ; si un écrivain veut s'élever contre ce despotisme il a de la peine à trouver un libraire qui veuille se charger de son manuscrit. Voilà les moyens pour la partie littéraire; mais ils en ont encore bien d'autres pour affermir leur puissance et abaisser ceux qui soutiennent la bonne cause.

S'il y a une place vacante d'instruction publique quelconque, ou s'il y a un seigneur qui ait besoin d'un instituteur pour ses enfants, ils ont trois ou quatre personnages tout prêts qu'ils font présenter à la fois par des voies différentes ; moyennant quoi ils sont presque toujours sûrs de réussir. Voilà comme est composée l'Université de Gœttingue, qui est la plus célèbre et la plus fréquentée de l'Allemagne, et où nous envoyons nos jeunes gens pour étudier.

Ils intriguent aussi pour placer de leurs affiliés dans les bureaux des ministres, aux cours d'Allemagne ; ils en ont même dans les dicastères et dans les conseils des princes.

Un second grand moyen qu'ils emploient, c'est celui de Basile... la calomnie. Ce moyen leur devient d'autant plus aisé, que la majeure partie des ecclésiastiques protestants sont malheureusement leurs agents les plus zélés ; et comme cette classe a mille moyens de s'immiscer partout, ils peuvent à leur gré faire courir des bruits qui portent coup, avant qu'on ait eu connaissance de la chose et le temps de se défendre.

Cette coalition monstrueuse a coûté trente-cinq ans de travail à son chef, qui est un vieil homme de lettres de Berlin, et en même temps un des libraires les plus célèbres de l'Allemagne. Il rédige, depuis

1765, le premier journal de ce pays ; il s'appelle Frédéric Nicolaï. Cette *Bibliothèque germanique* s'est aussi emparée, par ses agents, de l'esprit de la *Gazette littéraire d'Iéna*, qui est très bien faite et se colporte dans les pays où la langue allemande est connue. Nicolaï influence, outre cela, le *Journal de Berlin* et le *Museum allemand*, deux ouvrages très accrédités. L'organisation politique et les sociétés affiliées furent établies lorsque les journaux eurent suffisamment déployé leur venin. Ils ont marché lentement, mais d'un pas sûr ; et, à l'heure qu'il est, leurs progrès sont si effrayants et leur influence si énorme, qu'il n'y a plus aucun effort qui puisse y résister ; il n'y a que la Providence qui ait le pouvoir de nous délivrer de cette peste.

« Au commencement, la marche des Nicolaïstes était très circonspecte ; ils associaient les meilleures têtes de l'Allemagne à leur Bibliothèque universelle ; les articles des sciences étaient admirables, et les rapports des ouvrages théologiques occupaient toujours une partie considérable de chaque volume. Ces rapports étaient composés avec tant de sagesse, que nos professeurs en Suisse les recommandaient dans leurs discours publics à nos jeunes ecclésiastiques. Mais, petit à petit, ils glissaient du venin, quoique avec beaucoup de ménagement. Ce venin fut renforcé avec adresse. Mais, à la fin, ils jetèrent le masque, et, en deux de leurs journaux affiliés, ces scélérats osèrent comparer notre divin Maître au célèbre imposteur tartare Dalaï Lama (Voy. l'art. de *Dalaï Lama*, dans Moreri). Ces horreurs circulaient chez nous, sans que personne, dans toute la Suisse, donnât le moindre signe de mécontentement. Alors, en 1790, je pris la plume, et, dans une gazette politique, à laquelle était jointe une feuille de mélanges, je réveillai l'indignation publique contre ces illuminants, *Aufklarer*, ou éclaireurs, comme ils s'appelaient. J'appuyais sur l'atrocité et la profonde bêtise de ce blasphème.

« Dans ce moment, ces gens font encore moins de mal par leurs écrits que par leurs affiliations, par leurs intrigues et leurs accaparements de places; de sorte que la majeure partie de notre clergé, en Suisse, est gangrené jusqu'à la moelle des os. Je fais, de mon côté, tout ce que je puis pour retarder du moins la marche de ces gens. Quelquefois je réussis ; mais quelquefois mes efforts sont impuissants, parce qu'ils sont très adroits, et que leur nombre s'appelle légion. »

## SAINT-MARTIN ET LA FRANC-MAÇONNERIE

Si le Willermosisme s'appuyait, par le recrutement de ses cadres inférieurs, sur la Franc-Maçonnerie, il n'en était pas de même du mouvement individuel de Saint-Martin. Ce dernier ne recherchait que la qualité sans jamais se soucier du nombre, et il a toujours eu un mépris mélangé de pitié pour les petites intrigues, les petites cabales et les mesquineries des loges maçonniques.

Certains maçons, pour lesquels un ruban tient lieu d'érudition, se sont figurés que Claude de Saint-Martin professait pour son maître et pour son œuvre le même détachement que pour les loges inférieures. C'est là une erreur dérivée de la confusion de l'Illuminisme avec la Maçonnerie. Pour montrer à quelles naïves erreurs peuvent en arriver ceux qui portent des jugements sans documents sérieux, nous allons faire un extrait de la correspondance inédite de Saint-Martin, relatif à cette question.

« Je prie (notre f.) de présenter et de faire « admettre ma démission de ma place dans l'ordre « intérieur, et de vouloir bien me faire rayer de tous « les registres et listes maçonniques où j'ai pu être « inscrit depuis 1785 ; mes occupations ne me per- « mettant pas de suivre désormais cette carrière, je ne « le fatiguerai pas par un plus ample détail des raisons « qui me déterminent. Il sait bien qu'en ôtant mon « nom de dessus les registres il ne se fera aucun tort, « puisque je ne lui suis bon à rien ; il sait d'ailleurs « que mon esprit n'y a jamais été inscrit ; or ce n'est « pas être liés que de ne l'être qu'en figure. Nous le « serons toujours, je l'espère, comme cohens, nous le « serons même par l'initiation (1)... »

Cet extrait est instructif à plusieurs égards.

Tout d'abord il nous montre que Saint-Martin ne fut inscrit sur un registre maçonnique qu'à dater de 1785, et que c'est seulement en 1790 qu'il se sépara de ce milieu.

Ainsi que tous les illuminés français, il avait refusé de prendre part à la réunion organisée par les Phila- lèthes et qui ouvrit le 15 février 1785. Non seulement les Illuminés français, mais encore Mesmer, délégué

---

(1) Lettre inédite de Claude de Saint-Martin à Willermoz, adressée de Strasbourg le 4 juillet 1790 (Archives du Suprême Conseil Martiniste).

d'un centre d'Illuminisme allemand, et tous les membres du Rite Écossais Philosophique refusèrent de prendre part à cette réunion, où Cagliostro fut mis en demeure de prouver ses affirmations.

Mais si Saint-Martin ramenait la Franc-Maçonnerie à son véritable rôle, il ne cessa jamais de faire de nombreuses initiations individuelles. Un de ses élèves, Gilbert, fut aussi, plus tard, élève de Fabre d'Olivet. Un autre de ses élèves directs, M. de Chaptal, fut grand-père de Delaage, si bien qu'on peut suivre historiquement, en France, la trace de l'Ordre Martiniste sans aucune interruption, et un des ouvrages du chevalier Arson nous montre une organisation très savante des Martinistes en plein fonctionnement en janvier 1818, c'est-à-dire après la mort de Saint-Martin et de Willermoz.

### OPINIONS SUR LE MARTINISME

Le nombre des Francs-Maçons Martinistes qui se sont opposés aux progrès de l'anarchie surpasse de beaucoup le nombre de ceux qui les ont favorisés. En 1789, le vénérable d'une loge martiniste du Dauphiné, apprenant que des brigands s'étaient réunis à des cultivateurs trompés par de faux ordres du roi, pour piller et incendier les maisons des nobles dans les campagnes, fit, dans l'emploi civil dont il était revêtu, tous les efforts possibles pour mettre un terme à ces ravages. Il tâchait de communiquer aux autres son zèle pour le maintien du droit de propriété. Il ne se borna point à contribuer aux ordres sévères qui furent donnés contre les incendiaires et les voleurs ; il conduisit lui-même la force armée, combattit avec elle, et montra toujours autant d'intrépidité dans ses actions que de pureté dans ses principes (1).

### OPINION DE JOSEPH DE MAISTRE

Pendant quarante années au moins, Joseph de Maistre a été en rapport intime avec les Martinistes et d'autres mystiques : il a pénétré leur esprit, leurs théories et leurs projets. Son jugement est donc d'un très grand poids. Sans doute, il leur reproche de haïr l'autorité, de s'attacher à des opinions origénistes ; mais il aurait protesté si ces mystiques chrétiens, qu'il connaissait à fond, avaient été quelquefois des satanistes ou des lucifériens.

Il est déplorable qu'en France se soient trouvés des laïques et des prêtres même, assez ignorants du caractère du Martinisme pour le confondre avec la plus monstrueusement absurde des sectes modernes (2).

Il ne faut pas confondre les Illuminés allemands, disciples de Weisshaupt et niveleurs acharnés, avec le « disciple vertueux de Saint-Martin, qui ne professe pas seulement le christianisme, mais qui ne travaille qu'à s'élever aux plus sublimes hauteurs de cette loi divine » (3).

---

(1) J.-J. Mounier, *op. cit.*, p. 159.

(2) Saturninus, *Joseph de Maistre et les Martinistes, Initiation*, 39ᵉ volume, nᵒ 7.

(3) Joseph de Maistre : *XIᵉ Entretien*, cité par Saturninus.

Ces hommes de désir prétendent pouvoir s'élever, de grade en grade, jusqu'aux connaissances sublimes des premiers chrétiens.

### BALZAC ET LES MARTINISTES

Le curieux extrait suivant montre que Balzac avait appris presque sûrement, en séance d'initiation, la filiation réelle de l'Ordre Martiniste.

« La théologie mystique embrassait l'ensemble des *révélations divines* et l'explication des *mystères*. Cette branche de l'ancienne théologie est secrètement restée en honneur parmi nous. Jacob Bœhm, Swedenborg, Martines Pasqualis, Saint-Martin, Molinos, M^mes Guyon, Bourignou et Krudener, la grande secte des Extatiques, celle des Illuminés, ont, à diverses époques, dignement conservé les doctrines de cette science, dont le but a quelque chose d'effrayant et de gigantesque (1).

### UNION DES MARTINISTES ET DES ROSE-CROIX

La tendance de ces derniers Rose-Croix est de fondre la théorie kabbalistique de l'émanation avec les doctrines du christianisme, tendance qui prépara la voie à l'union des *Rose-Croix* avec les *Martinistes* et les *Illuminés* (2).

---

(1) Balzac, *les Proscrits.*
(2) *Histoire de l'Ordre de la Rose-Croix* (d'après les archives de l'Ordre), par Carl Kieswetter.

# CHAPITRE III

## LE MARTINISME CONTEMPORAIN

La France, qui, dans l'Invisible, est la fille aînée de l'Europe et qui, par suite, doit toujours renfermer le centre de l'esprit initiatique, avait vu la plupart de ses loges maçonniques s'éloigner de tout effort spirituel pour se renfermer dans les compromissions néfastes de la politique et pour descendre de degré en degré jusqu'à devenir des centres actifs d'athéisme et de matérialisme.

Délaissant l'étude des symboles qu'ils étaient chargés de transmettre aux générations futures, faisant, sous prétexte d'anticléricalisme, une guerre incessante à toute croyance élevée et à toute recherche de l'idéal dans l'humanité, les francs-maçons français devenaient bientôt indignes d'être comptés au nombre des membres de la grande famille maçonnique universelle.

C'est alors que les maîtres de l'Invisible dirigèrent la grande réaction idéaliste et fournirent au Martinisme le moyen de prendre une extension considérable·

De même que Martines avait adapté le Swedenborgisme au milieu dans lequel il devait agir, de même

que Saint-Martin et Willermoz avaient aussi créé les
adaptations indispensables, de même le Martinisme
contemporain a du s'adapter à son milieu et à son
époque, mais en conservant à l'Ordre son caractère
traditionnel et son esprit primitif.

L'adaptation a surtout consisté à unir étroitement
l'œuvre de Saint-Martin à celle de Willermoz. Ainsi
les initiateurs libres, créant directement d'autres initiateurs, et développant l'Ordre par l'action individuelle, caractérisaient trop l'œuvre de Saint-Martin
pour ne pas être intégralement conservés.

Mais les groupes d'initiés et d'initiateurs régis par
un centre unique et constitués hiérarchiquement,
caractérisaient aussi le Willermosisme et devaient être
l'objet d'une attention particulière.

Voilà pourquoi le Martinisme contemporain constitua, à côté des initiateurs libres, son Suprème Conseil assisté de ses Délégués généraux, de ses Délégués
spéciaux, et administrant des loges et des groupes
répandus actuellement dans toute l'Europe et dans
les deux Amériques.

Ne demandant à ses membres ni cotisations, ni
droits d'entrée dans l'Ordre, n'exigeant non plus aucun
tribut régulier de ses loges au Suprème Conseil, le
Martinisme est resté fidèle à son esprit et à ses origines
en faisant de la pauvreté matérielle sa première règle.

Par là, il a pu éviter toutes ces irritantes questions
d'argent qui ont causé tant de désastres dans certains
rites maçonniques contemporains ; par là aussi, il a
pu demander à ses membres un travail intellectuel
soutenu, créer des écoles, distribuant leurs grades

exclusivement à l'examen et ouvrant leurs portes à tous à condition de justifier d'une richesse intellectuelle ou morale quelconque, et renvoyant ailleurs les oisifs et les pédants qui pensaient arriver à quelque chose avec de l'argent. Le Martinisme ignore les radiations pour non-paiement de cotisations, il ignore le tronc de la veuve et ses chefs seuls sont appelés à justifier leur titre en participant, suivant leur grade, au développement général de l'Ordre.

### FILIATION MARTINISTE : SAINT-MARTIN, CHAPTAL. DELAAGE (1)

Le passage du Martinisme aux groupes qui devaient lui donner une telle extension à l'époque actuelle s'est effectué par l'intermédiaire d'un modeste occultiste qui fut toujours attaché à deux grands principes : la conservation de la tradition initiatique du Spiritualisme, caractérisée par la Trinité, et la défense du Christ en dehors de toute secte. Ce sont bien là les caractères de l'*Inconnu* auquel a été confié le dépôt sacré, et Henri Delaage, car c'est de lui qu'il s'agit, préféra rester fidèle à son initiation que de fonder une nouvelle secte non traditionnelle comme le fit Rivail (Allan Kardec).

Delaage poussa le respect du secret jusqu'à ne pas parler de l'origine de son initiation dans ses livres, et

---

(1) On trouvera des documents positifs sur l'existence de l'Ordre Martiniste en 1818 dans l'*Appel à l'Humanité* du chevalier Arson. On verra qu'à ce moment l'Ordre fonctionnait parfaitement à Paris, et luttait contre les Sociétés et les agents des Templiers.

c'est à ses intimes seuls qu'il se plaisait à parler à cœur ouvert du Martinisme, dont la tradition lui avait été transmise par l'intermédiaire de son grand-père, M. de Chaptal, initié lui-même par Saint-Martin. La lettre suivante justifiera et prouvera notre dire.

### SOCIÉTÉ ASTRONOMIQUE DE FRANCE

Paris, le 19 janvier 1899.

MON CHER DOCTEUR,

Je ne vois aucun inconvénient à vous répéter aujourd'hui par écrit ce que je vous ai dit dernièrement de vive voix à propos d'Henri Delaage. J'ai eu de fréquentes relations avec lui de 1860 à 1870, et je me souviens qu'il m'a souvent parlé de son grand-père le ministre Chaptal, et de Saint-Martin (le philosophe inconnu), que son grand-père connaissait particulièrement. Il s'était occupé aussi lui-même, avec M. Matter, de la doctrine du Martinisme, sur laquelle ce dernier auteur a publié un ouvrage à la Librairie académique Didier, où je l'ai aussi quelquefois rencontré.

Veuillez agréer, je vous prie, mon cher Docteur, l'expression de mes sentiments les plus sympathiques et les plus dévoués.

*Signé :* FLAMMARION.

A M. le Dr Encausse.

Voici de plus, deux extraits très caractéristiques de Delaage, au sujet de l'origine de son initiation personnelle.

Homme de tradition, nous nous rattachons, par toutes les fibres du cœur, aux sublimes institutions du Christianisme (1).

La tradition, ou connaissance profonde de Dieu, de

-----

(1) Delaage, *Doctrine des Sociétés secrètes*, Paris, 1852, p. 7.

l'homme et de la nature, est éminemment nécessaire à tous les peuples. L'homme auquel elle a été dévoilée dans l'initiation et qui entreprend de la revoiler, pour la rendre visible à tous les yeux, palpable à toutes les mains, doit se préoccuper de choisir des symboles, des allégories, des mythes, qui soient en rapport avec les mœurs, la nature, les connaissances du peuple qu'il aspire à doter du bienfait précieux de la Vérité. Sans cela, la révélation ne révélerait rien à l'intelligence ni au cœur ; de plus, s'il est quelque chose capable d'enniaiser un homme et d'en faire un parfait crétin, c'est de mettre sur ses lèvres et devant ses yeux des symboles dont il ne saisit pas le sens, car, quand on commande à l'intelligence de conserver en sa mémoire des choses incompréhensibles, on impose inévitablement à l'esprit l'ordre de se suicider (1).

Nous avons posé en principe qu'au commencement du monde le péché avait animalisé l'homme en enveloppant l'âme d'organes finis et matériels pouvant la mettre en rapport avec les créatures finies de la terre, mais trop bornés pour lui permettre d'être, comme avant sa chute, en rapport direct avec son Dieu. De là, la lutte de l'initié contre chacun des éléments de la Nature, soulevés contre l'homme déchu : la terre, dont il triomphe en pénétrant dans son sein ; l'eau, en la traversant ; le feu, en y passant ; l'air, en y demeurant impassiblement suspendu : de là aussi, le combat avec sa chair que, par le jeûne et la chasteté, il réduit en servitude ; enfin la renaissance de son âme à la puissance et à la lumière de la vie (2).

Quelques mois avant sa mort, Delaage voulut donner à un autre la graine qui lui avait été confiée et dont il ne pensait pouvoir tirer aucun fruit. Pauvre dépôt, constitué par deux lettres et quelques points, résumé de cette doctrine de l'initiation et de la trinité qui avait illuminé tous les ouvrages de Delaage. Mais l'Invisible était là, et c'est lui-même qui se chargea de

---

(1) Delaage, *Doctrine des Sociétés secrètes*, p. 16.
(2) Delaage, *op. cit.*, p. 158.

rattacher les ouvrages à leur réelle origine et de permettre à Delaage de confier sa graine à une terre où elle pouvait se développer.

Les premières initiations personnelles, sans autre rituel que cette transmission orale des deux lettres et des points, eurent lieu de 1884 à 1885, rue Rochechouart. De là, elles furent transportées rue de Strasbourg, où les premiers groupes virent le jour. La première loge se tint rue Pigalle, où Arthur Arnould fut initié et commença ainsi la voie qui devait l'écarter définitivement du matérialisme. La loge fut ensuite transportée dans un appartement de la rue de la Tour-d'Auvergne, où les tenues d'initiation furent fréquentes et fructueuses au point de vue intellectuel. Les cahiers virent le jour (1887-1890), et c'est alors que Stanislas de Guaita prononça son beau discours initiatique. A partir de ce moment, les progrès sont très rapides.

Le groupe ésotérique, la Librairie du Merveilleux, si bien créée et dirigée par un licencié en droit, membre fondateur de la loge : Lucien Chamuel, virent successivement le jour et, en 1891, le Suprème Conseil de l'Ordre Martiniste était constitué avec un local réservé aux tenues et aux initiations, 29, rue de Trévise, puis rue Bleue, et enfin rue de Savoie.

Depuis, l'Ordre constitua des délégués et constitua des loges, d'abord en France, et dans les diverses contrées de l'Europe, puis dans les deux Amériques, en Egypte et en Asie.

Et tout cela a été obtenu sans que jamais un martiniste ait payé une cotisation quelconque, sans que jamais une loge ait fourni un tribut régulier au

Suprème Conseil. Les fondateurs ont consacré tous leurs gains à leur œuvre, et le Ciel les a dignement récompensés de leurs efforts.

Ce qui distingue particulièrement l'initiation de Martines, c'est l'apparition, dès le premier grade des cohens, du ternaire. Il y a *trois colonnes* de couleurs différentes, dominées par une grande lumière. Ce ternaire, unifié dans le quaternaire, se développe harmoniquement dans les autres grades. Au second degré, l'histoire de la chute et de la réintégration est présentée au récipiendaire et les degrés suivants servent à affirmer cette *réconciliation* de la créature et de son créateur.

Tous ces détails sont nécessaires, car les cahiers martinistes contemporains ont été imprimés en 1887, et ce n'est que huit ans après que les anciens catéchismes des loges lyonnaises parvenaient au Suprême Conseil et venaient montrer l'intégrité de la tradition depuis Martines jusqu'à ce jour.

## CARACTÈRE DU MARTINISME CONTEMPORAIN

Dérivant directement de l'Illuminisme chrétien, le Martinisme devait en adopter les principes. Voilà pourquoi les nominations sont exclusivement faites du haut en bas, le Président de l'Ordre nommant le Comité directeur, qui désigne les membres du Suprême Conseil et les délégués généraux et administre les affaires courantes ; les délégués généraux nommant les chefs des loges, qui désignent eux-mêmes leurs officiers et sont maîtres de leurs loges. Toutes les fonctions sont du reste inspectées directement par le Suprême Conseil au moyen de ses inspecteurs principaux et de ses inspecteurs secrets. Tel est le résumé de cette organisation qui a pu, sans argent, prendre une extension considérable et résister jusqu'à présent à toutes les tentatives d'accaparement tentées successivement par diverses confessions, et surtout par le cléricalisme actif. L'Ordre a survécu à tout, même à la calomnie représentant ses membres, tantôt comme des envoyés des Jésuites, tantôt comme des suppôts de l'Enfer ou des magiciens noirs. Chaque fois les chefs ont été prévenus des tentatives faites et des moyens de les éviter, et chaque fois le succès est venu confirmer la haute origine des indications ainsi fournies.

C'est donc par les chefs du Suprême Conseil que le Martinisme se rattache à l'Illuminisme chrétien. L'Ordre dans son ensemble est surtout une école de chevalerie morale, s'efforçant de développer la spiritualité de ses membres par l'étude du monde invisible et de ses lois, par l'exercice du dévouement et de l'assistance intellectuelle et par la création dans chaque esprit d'une foi d'autant plus solide qu'elle est basée sur l'observation et sur la science. Le Martinisme constitue donc une chevalerie de l'Altruisme opposée à la ligue égoïste des appétits matériels, une école où l'on apprend à ramener l'argent à sa juste valeur de sang social et à ne pas le considérer comme un influx divin, enfin un centre où l'on apprend à rester impassible devant les tourbillons positifs ou négatifs qui bouleversent la Société! Formant le noyau réel de cette universté vivante qui refera un jour le mariage de la Science sans division avec la Foi sans épithète, le Martinisme s'efforce de se rendre digne de son nom en établissant des écoles supérieures de ces sciences métaphysiques et physiogoniques dédaigneusement écartées de l'enseignement classique sous le prétexte qu'elles sont occultes.

Aussi les examens institués dans ces écoles portent-ils sur le symbolisme de toutes les traditions et de toutes les initiations, sur les clefs hébraïques et sur les éléments de la langue sanscrite, qui permettent aux Martinistes ayant passé par ces épreuves d'expliquer leur tradition à beaucoup de francs-maçons haut gradés et de montrer que les descendants des illuminés sont restés dignes de leur origine.

Tel est le caractère du Martinisme et l'on comprend qu'il est impossible de le retrouver intégralement dans chaque membre de l'Ordre qui représente une adaptation particulière de ces buts généraux.

Mais cette époque de scepticisme, d'adoration de la fortune matérielle et d'athéisme avait si nécessairement besoin d'une réaction franchement chrétienne, indépendante de tous les clergés, qu'ils soient catholiques ou protestants, et liée surtout à la Science que, dans tous les pays où il a une fois pénétré, le Martinisme a sauvé du doute, du désespoir et du suicide, bien des âmes ; il a ramené à la compréhension du Christ bien des esprits que les manœuvres cléricales et leur but de bas intérêt matériel, c'est-à-dire d'adoration de César, avaient éloignés de toute foi. Après cela, qu'on calomnie, qu'on diffame ou qu'on excommunie le Martinisme ou ses chefs, qu'importe ! la Lumière traverse les vitres même crassesues et elle illumine toutes les ténèbres physiques, morales ou intellectuelles.

## LES ADVERSAIRES DU MARTINISME ET LEURS OBJECTIONS

Malgré ses faibles ressources matérielles, les progrès de l'Ordre Martiniste furent rapides et considérables.

Aussi son succès suscita-t-il trois genres d'adversaires :

1° Les matérialistes athées, que représente si bien le Grand-Orient de France ;

2° Les cléricaux ;

3° Toutes les sociétés et tous les individus qui combattent le Christ et cherchent à diminuer son œuvre, ouvertement ou occultement.

De là une foule d'objections, de sous-entendus et de calomnies qu'il est nécessaire de bien indiquer pour permettre aux membres de l'Ordre de les détruire.

### MATÉRIALISTES

Les Matérialistes, après avoir accusé les Martinistes d'être des jésuites, des aliénés, des « rêveurs d'un autre âge qui ne pourraient rien faire dans ce siècle de lumière et de raison », ont été émus des progrès rapides de cet Ordre et ont commencé par essayer de copier l'organisation des « groupes martinistes » sans y réussir ; car ils ont rêvé de faire des « groupes de jeunes athées » rattachés au système électoral du Grand-Orient.

C'est alors qu'on s'est inquiété de la question d'argent. Un ordre allant si vite devait rapporter gros à ses fondateurs. Combien donnaient par mois les membres ? *Rien...* Combien coûtaient les chartes de délégués ? *Rien...* Qui payait donc les frais d'impression, de poste, de secrétariat et de diplômes nécessités par le mise en mouvement d'un tel organisme ? *Les chefs.*

On ne pouvait donc plus les accuser de tirer un profit quelconque d'un mouvement auquel ils consacraient le plus clair de leurs revenus.

Aussi les « gens pratiques » finissent-ils par croire que les Martinistes sont tout de même convaincus.

## LES CLÉRICAUX

Les attaques des cléricaux sont plus perfides et plus adroitement présentées. Laissant de côté toute question matérielle, ils s'en prennent à l'esprit et, malgré toutes les affirmations et les évidences contraires, il leur est impossible d'admettre que les occultistes, et votre serviteur en particulier, ne rendent pas au diable quelque culte secret. Les Martinistes, par suite, doivent cacher leur jeu, et ces gens, qui osent défendre le Christ en remettant à sa place le clergé qui le vend tous les jours aux marchands du temple, se livrent, d'après ces bons cléricaux, aux évocations les plus terrifiantes à Satan et à ses plus illustres démons.

Il est singulier comme il est difficile de faire entrer dans la tête d'un rédacteur de feuille de sacristie, cette idée que le clergé et Dieu peuvent agir indépendamment l'un de l'autre et qu'on peut parfaitement admettre la bonté de Dieu et la rapacité matérielle du clergé qui agit soi-disant en son nom, sans les confondre un instant. Attaquer un inquisiteur, c'est attaquer, à leur avis, Dieu lui-même. Halte-là !

Les Martinistes veulent être des chrétiens libres de toute attache cléricale et les accusations de satanisme leur feront hausser les épaules, en appelant le pardon du Ciel sur ceux qui les calomnient injustement.

Raconterons-nous de nouveau, à ce propos, la gigantesque farce composée par Léo Taxil sur ce thème des « occultistes diabolisants » ?

Montrerons-nous sous son vrai jour cette funambulesque société secrète du *Labarum* dont nous possédons le nom exact de tous les dignitaires.

Dirons-nous comment le même Taxil doit être tout disposé à monter une nouvelle mystification basée sur la « maçonnerie des femmes » ?

A quoi bon ?

Ne vaut-il pas mieux se laisser insulter, calomnier. décrier de toute manière, sans répondre autrement que par le pardon et l'oubli ?

Chaque attaque nouvelle, étant injuste et vile, vaut au Martinisme un nouveau succès et ne reste jamais sans récompense. Voilà le vrai maniement des lois occultes et le véritable usage des facultés spirituelles de l'homme.

Lorsque nous accusons les écrivains cléricaux de se moquer joyeusement du public naïf qui avale leurs couleuvres et d'employer des procédés de polémique indignes d'un auteur qui se respecte, on pourrait croire qu'il y a de notre part une animosité quelconque et une tendance à l'exagération. Aussi allons-nous mettre nos lecteurs à même de juger quelques-uns de ces procédés.

Choisissons la dernière perfidie parue. L'auteur sera, certes, très heureux d'être présenté au public. C'est un nommé *Antonini*, professeur à l'Institut catholique de Paris, et son livre s'appelle *la Doctrine du Mal*.

Ce qu'on parle de Satan, de Lucifer, du Diable et de son culte secret là dedans, vous ne pouvez vous en faire une idée! Toutefois il y manque la verve de cet excellent Taxil, c'est fade et sans imagination. Nous n'avons plus ce bon Bitru, dont Taxil détacha un morceau de l'appendice caudal pour l'offrir aux Jésuites, qui l'acceptèrent avec reconnaissance. Il est bien entendu que les occultistes (signez-vous), et en particulier votre serviteur, passent une partie de leur temps, en compagnie du Diable, à faire des anagrammes, dont M. Antonini a beaucoup de peine à trouver la clef. Mais voyons un peu un échantillon de cette prose.

« Aulnaye, Éliphas Lévi, Desbarolles, de Guaita,
« pour ne citer que ces initiés, reconnaissent que
« *Lumière astrale* signifie LUMIÈRE DE LA TERRE, nom-
« mée *astrale* parce que la *terre est un astre*.

« Sur quoi est fondée une allégation aussi étrange?

« La déclaration des initiés passe généralement
« inaperçue, ou bien elle fait sourire. Et cependant

« elle constitue l'aveu le plus grave et le plus con-
« cluant de leur satanisme.

« Car ils appellent la terre un astre *parce qu'elle*
« *renferme* LA GRANDE ÉTOILE TOMBÉE DES CIEUX, ainsi
« que l'Apocalypse nomme Lucifer l'archange *por-*
« *tant la lumière* et précipité dans le FEU *central de la*
« *terre* pour avoir voulu s'égaler à Dieu (1). »

Analysons ce poulet.

## LUMIÈRE ASTRALE VEUT DIRE LUMIÈRE DE LA TERRE

M. Antonini, qui prend tant de peine pour citer les
paroles exactes de ses auteurs n'a pas cherché à justifier la citation présente par une référence réelle, parce
qu'elle est simplement idiote. Il se tire d'affaire *en
inventant* la citation qui va lui permettre de dire les
choses joyeuses de la suite :

La Terre qui renferme une étoile! O mes professeurs d'astronomie! Où est-il, ce Soleil ; car une étoile
c'est un soleil, si j'en crois mon bon ami et maître
Flammarion, où est-il, ce Soleil, tombé dans la Terre,
alors qu'il doit être bien plus gros qu'elle, où est-il,
ce monstre de Soleil qu'on ne voit plus ?...

Ce Soleil, Mesdames et Messieurs, c'est un archange:
cet archange, c'est Lucifer, et Lucifer est dans le feu
central de la Terre, et la Terre n'a pas éclaté en rece-
vant ce nouveau Soleil dans son sein !

Et voilà comment les occultistes avouent qu'ils sont
satanistes!

_____

(1) *Doctrine du Mal*, p. 16.

C'est très simple, et c'est là le roc sur lequel M. Antonini bâtit son argumentation. On n'est pas plus aimable.

## LES ADVERSAIRES DU CHRIST

Si les cléricaux accusent les martinistes d'évoquer Satan ou quelque autre démon dans des séances secrètes qui n'ont jamais existé que dans leur riche imagination, par contre d'autres sociétés, qui prétendent étudier l'occultisme et « développer les facultés latentes en l'homme », sans croire du reste à l'existence du diable, font circuler hypocritement des circulaires confidentielles où l'on accuse les Martinistes de passer leur temps à pratiquer la « Magie Noire ».

Or la pratique de la magie noire consiste à faire le mal consciemment et lâchement, et rien n'est plus éloigné du but et des procédés essentiellement chrétiens des Martinistes de tous les temps, anciens ou modernes. Les Martinistes ne font pas de magie, soit blanche, soit noire. Ils étudient, ils prient, et ils pardonnent les injures de leur mieux.

Les Rose-Croix, eux, ont eu souvent à combattre des sorciers qui profitaient de l'ignorance et du scepticisme contemporains pour essayer niaisement d'exercer leurs talents sur d'innocentes victimes. Or, chaque fois, les Rose-Croix ont ouvertement prévenu les individus qu'ils étaient livrés « au baptême de la Lumière », et c'est par la prière qu'ils ont combattu. Mais les Martinistes, n'appartenant pas à la Rose-Croix, n'ont jamais eu à défendre collectivement aucune autre cause que celle de la vérité et ils ont toujours agi au grand jour, publiant tous leurs actes et toutes leurs décisions.

Par contre, ceux qui diffament dans l'ombre et se cachent quand ils se voient découverts, ceux qui écrivent des circulaires hypocrites et qui calomnient sous le manteau les Martinistes, de la loyauté desquels ils ont peur, ceux-là ne méritent que la pitié et le pardon, et, quand on voit les facultés latentes qui se manifestent par de tels procédés, on est porté à montrer à ces hommes que la magie noire commence à la diffamation anonyme qui, dans le plan mental, est aussi génératrice de larves kama-manasiques, que la basse sorcellerie du paysan illettré dans le plan astral. A bon entendeur, salut !

---

## CONTRÉES

### OU LE

## SUPRÊME CONSEIL DE L'ORDRE MARTINISTE
### EST OFFICIELLEMENT REPRÉSENTÉ
### PAR SES DÉLÉGUÉS GÉNÉRAUX ET SES LOGES

—

## FRANCE

PARIS : Siège du Suprême Conseil.

Loges : Hermanubis, le Sphinx et Voluspa.

La France est divisée en quatorze délégations dont les délégués siègent respectivement dans les villes suivantes (1) :

---

(1) Le siège central de la délégation est indiqué entre parenthèses, et un des sièges accessoires ensuite. De nombreux délégués spéciaux siègent dans d'autres villes.

Nº 1 (Chartres), Beauvais ; nº 2 (Lille), Abbeville ; nº 3 (Caen), Le Havre ; nº 4 (Nancy), Châlons-sur-Marne ; nº 5 (Rennes), Nantes ; nº 6 (Poitiers), La Roche-sur-Yon ; nº 7 (Bordeaux), Pau ; nº 8 (Toulouse), Cahors ; nº 9 (Montpellier), Perpignan ; nº 10 (Marseille), Nice et Algérie ; nº 11 (Lyon), Roanne ; nº 12 (Dijon), Troyes ; nº 13 (Clermont-Ferrand), Tulle ; nº 14 (Grenoble), Valence.

Chacune de ces délégations dirige soit des loges, soit des groupes, soit des groupes et des loges.

## ITALIE

Délégation générale et sept Délégations spéciales.

## SUÈDE

Délégation générale et trois Délégations spéciales.

## ALLEMAGNE

Délégation générale et trois Délégations spéciales.

## SUISSE

Délégation générale et une Délégation spéciale.

## ANGLETERRE

Délégation générale.

## BELGIQUE

Délégation générale et deux Délégations spéciales.

## ESPAGNE

Délégation générale.

## HOLLANDE

Délégation spéciale.

## DANEMARK

Délégation générale et Délégation spéciale.

## AUTRICHE-HONGRIE

Délégation générale et deux Délégations spéciales.

## RUSSIE

Délégation générale.

## ROUMANIE

Délégation générale et spéciale.

## ÉGYPTE

Délégation générale et trois Délégations spéciales.

## TUNISIE

Délégation générale.

## SÉNÉGAL

Délégation spéciale.

## AMÉRIQUE DU NORD

Souverain Délégué général, Grand Conseil, et Délégations spéciales dans tous les États.

## AMÉRIQUE DU SUD

Délégation générale et Délégations spéciales pour LA RÉPUBLIQUE ARGENTINE, LE GUATEMALA.

## CUBA

Délégation générale:

## INDO-CHINE

Délégation spéciale.

## COCHINCHINE

Délégation générale.

## HAITI

Délégation spéciale.

Pour éviter toute indiscrétion, nous avons supprimé les noms des villes où siègent nos diverses délégations à l'étranger.

### ORGANES DE L'ORDRE MARTINISTE

Une revue mensuelle de cent pages : *L'Initiation*, à Paris (organe officiel) ;

Un journal hebdomadaire de huit pages in-4° : *Le Voile d'Isis*, à Paris ;

Un bulletin mensuel *autographié* et réservé aux délégués : *Psyché*.

A l'étranger l'Ordre Martiniste dispose, par ses délégués, d'organes spéciaux dans les langues suivantes : en anglais, en allemand, en espagnol, en tchèque, en suédois.

### AFFILIATIONS DE L'ORDRE MARTINISTE

Union Idéaliste Universelle (Internationale) ;
Ordre Kabbalistique de la Rose-Croix (France) ;
Groupe Indépendant d'Études Ésotériques (France) ;
Ordre des Illuminés (Allemagne) ;
Société Alchimique de France (France) ;
Université Libre des Hautes Études (France) (Faculté des Sciences Hermétiques) ;
Babystes (Égypte, Perse et Syrie) ;
Sociétés Chinoises (*en instance*).

# CHAPITRE IV

## MARTINISME ET FRANC-MAÇONNERIE

Les écrivains qui se sont occupés du Martinisme, et surtout les écrivains cléricaux, ont confondu, souvent avec une mauvaise foi voulue, le Martinisme et la Franc-Maçonnerie.

Le Martinisme, ne demandant à ses membres aucun serment d'obéissance passive et ne leur imposant aucun dogme, pas plus le dogme matérialiste que le dogme clérical, les laisse parfaitement libres de leurs actions ; mais il est absolument indépendant, en tant qu'ordre, de la Franc-Maçonnerie telle qu'elle est pratiquée généralement en France.

Comme tout ordre d'illuminés, le Martinisme ouvre certaines de ses réunions aux francs-maçons instruits, surtout aux membres du Rite Écossais, et seulement quand ils sont pourvus au moins du grade de 18ᵉ (Rose-Croix) ; mais ces relations se bornent à de simples démarches de politesse, et les Martinistes contemporains n'agissent pas autrement que n'agissaient, dans les mêmes circonstances, leurs ancêtres des convents des Gaules et de Wilhemsbadt.

Portant le nom kabbalistique du Christ et la reconnaissance du Verbe créateur en tête de tous ses actes, le Martinisme ne peut entretenir de relations qu'avec les puissances maçonniques travaillant d'après la constitution des Rose-Croix illuminés qui ont établi la Franc-Maçonnerie, et tout rite rayant Dieu de ses planches et transformant, sans références traditionnelles, le symbolisme qui lui a été confié, n'existe plus pour les Martinistes, pas plus que pour tous les initiés d'un centre réel et sérieux.

Voilà pourquoi le Grand-Orient de France, qui est au ban de la véritable et universelle Franc-Maçonnerie, ne doit pas être confondu avec le Martinisme, comme cherchent à le faire les cléricaux.

Cela nous amène à déterminer la situation actuelle des différents rites de la Franc-Maçonnerie en France et leur histoire.

La Franc-Maçonnerie comprend trois rites en France :

1° Le *Grand-Orient de France*, le plus puissant (en France) par le nombre de ses loges et de ses membres, rite matérialiste et athée par son esprit et par son action et cause réelle de la décadence momentanée de notre pays ;

2° Le *Rite Écossais,* divisé en deux sections :

*a)* Le Suprême Conseil et ses loges admettant les hauts grades maçonniques ;

*b)* La Grande Loge Symbolique écossaise, fédération d'anciennes loges écossaises n'admettant pas les hauts grades.

En 1897, une compromission établie entre ces deux sections a donné naissance à la *Grande Loge de France*.

Esprit du rite: Spiritualisme éclectique. C'est par ce rite que la France se rattache aux rites des autres pays.

3° Le *Rite de Misraïm*, qui, de décadence en décadence, est tombé dans le ridicule avec un total de moins de vingt membres pour constituer ses loges, son chapitre et son aéropage.

Reprenons l'histoire rapide de chaque rite.

### LA FRANC-MAÇONNERIE DE SA CRÉATION A 1789

## *Le Grand Orient et ses Origines*

Le Grand-Orient de France est issu d'une insurrection de certains membres contre les constitutions et la hiérarchie traditionnelles de la Franc-Maçonnerie. Quelques lignes d'explication sont ici nécessaires.

La Franc-Maçonnerie a été tout d'abord établie en Angleterre par des hommes appartenant déjà à l'une des puissantes fraternités secrètes d'Occident : la confrérie des Rose-Croix. Ces hommes, et surtout Ashmole, eurent l'idée de créer un centre de propagande où l'on pourrait former à leur insu des membres instruits pour la Rose-Croix. Aussi les premières Loges maçonniques furent-elles mixtes et composées partie d'ouvriers réels, partie d'ouvriers de l'intelligence (libres maçons). Les premiers essais (Ashmole) datent de 1646; mais c'est seulement en 1717 que la Grande Loge de Londres est constituée. C'est cette Loge qui donne des chartes régulières aux Loges françaises de Dunkerque (1721), Paris (1725), Bordeaux (1732), etc., etc.

Les Loges de Paris se multiplièrent rapidement, nommèrent un grand maître pour la France, le duc d'Antin (1738-1743), sous l'influence de qui fut entreprise la publication de l'*Encyclopédie*, comme nous le verrons tout à l'heure. Voilà l'origine réelle de la révolution, accomplie d'abord sur le plan intellectuel avant de passer de puissance en acte.

En 1743, le comte de Clermont succéda au duc d'Antin comme grand maître et prit la direction de la *Grande Loge anglaise de France*. Ce comte de Clermont, trop indolent pour s'occuper sérieusement de cette société, nomma substitut un maître de danse, *Lacorne*, individu très intrigant, mais de mœurs déplorables. Ce Lacorne fit entrer dans les Loges une foule d'individus de son espèce, ce qui amena une scission entre la Loge constituée par Lacorne (Grande Loge Lacorne) et les anciens membres qui formèrent la *Grande Loge de France* (1756).

Après un essai de rapprochement entre les deux factions rivales (1758), le scandale devint si grand que la police s'en mêla et ferma les Loges de Paris.

Lacorne et ses adhérents mirent ce repos à profit et obtinrent l'appui du duc de Luxembourg (15 juin 1761) (1). Forts de cet appui, ils réussirent à rentrer

---

(1) Voy. Ragon, *Orthodoxie Mac*, p. 56.

dans la Grande Loge d'où ils avaient été bannis, firent nommer une commission de contrôle dont les membres leur étaient acquis d'avance. En même temps, les frères du rite Templier (Conseil des Empereurs) s'associent en secret aux menées des commissaires et, le 24 décembre 1772, un véritable coup d'État maçonnique est accompli par la suppression de l'inamovibilité des présidents des Loges et par l'établissement du régime représentatif. Des révoltés victorieux fondèrent ainsi le *Grand Orient de France*. Aussi un maçon contemporain a-t-il pu écrire : « Il n'est pas excessif de dire que la révolution maçonnique de 1773 fut le prodrome et l'avant-coureur de la Révolution de 1789 (1). »

Ce qu'il faut bien remarquer, c'est l'action secrète des frères du rite Templier. Ce sont eux les vrais fomentateurs des révolutions, les autres ne sont que de dociles agents.

Ainsi, le lecteur peut maintenant comprendre notre assertion : Le Grand-Orient est issu d'une insurrection.

Revenons sur deux points :

1° *L'Encyclopédie* (révolution intellectuelle);

2° L'Histoire du Grand Orient de 1773 à 1789.

### *L'Encyclopédie*

Nous avons dit que les faits auxquels s'attachent surtout les historiens n'étaient, le plus souvent, que des conséquences d'actions occultes. Or, nous pensons

---

(1) Amiable et Colfavru, *op. cit.*

que la Révolution n'eût pas été possible si des efforts considérables n'avaient été précédemment faits pour orienter dans une nouvelle voie l'intellectualité de la France. C'est en agissant sur les esprits cultivés, créateurs de l'opinion, qu'on prépare l'évolution sociale, et nous allons trouver maintenant une preuve péremptoire de ce fait.

Le 25 juin 1740, le duc d'Antin, grand maître de la Franc-Maçonnerie pour la France, prononçait un important discours dans lequel était annoncé le grand projet en cours: témoin l'extrait suivant :

« Tous les grands maîtres en Allemagne, en Angleterre, en Italie et ailleurs, exhortent tous les savants et tous les artisans de la confraternité de s'unir pour fournir les matériaux d'un dictionnaire universel des arts libéraux et des sciences utiles, la théologie et la politique seules exceptées. On a déjà commencé l'ouvrage à Londres; et, par la réunion de nos confrères, on pourra le porter à sa perfection dans peu d'années.

MM. Amiable et Colfavru, dans leur étude sur la Franc-Maçonnerie au xviii<sup>e</sup> siècle, ont saisi parfaitement l'importance de ce projet puisque, après avoir parlé de l'*English Cyclopedia* de Chambers (Londres 1728), ils ajoutent :

« Bien autrement prodigieux fut l'ouvrage publié en France consistant en 28 vol. in-f° dont 17 de texte et 11 de planches, auxquels vinrent s'ajouter ensuite cinq volumes supplémentaires, ouvrage dont l'auteur principal fut Diderot, secondé par toute une pléïade d'écrivains d'élite. Mais il ne lui suffisait pas d'avoir des collaborateurs pour mener son œuvre à bonne fin ; il lui a fallu de puissants protecteurs. Comment les aurait-il eus sans la Franc-Maçonnerie ?

Du reste, les dates ici sont démonstratives. Le duc d'Antin prononçait son discours en 1740. On sait que, dès 1741, Diderot préparait sa grande entreprise. Le privilège indispensable à la publication fut obtenu en 1745. Le premier volume de l'*Encyclopédie* parut en 1751. »

Ainsi la révolution se manifeste déjà par deux étapes :

1° *Révolution intellectuelle* par la publication de l'*Encyclopédie* due à la Franc-Maçonnerie française sous la haute impulsion du duc d'Antin (1740).

2° *Révolution occulte* dans les Loges, due en grande partie aux membres du rite Templier et exécutée par un groupe de francs-maçons expulsés, puis amnistiés (groupe Lacorne). Fondation du Grand-Orient sous la haute impulsion du duc de Luxembourg (1773) et présidence du duc de Chartres.

La révolution patente dans la Société, c'est-à-dire l'application à la Société des constitutions des Loges ne va pas tarder.

Reprenons l'histoire du Grand-Orient au point où nous l'avons laissée.

Une fois constituée, la nouvelle puissance maçonnique fit appel à toutes les Loges pour ratifier la nomination comme grand maître du duc de Chartres. En même temps (1774), le Grand-Orient s'installait dans l'ancien noviciat des Jésuites, rue du Pot-de-fer, et procédait à l'expulsion des brebis galeuses. Centquatre Loges firent d'abord adhésion au nouvel ordre de choses, puis 195 (1776) et enfin, en 1789, il y avait 629 Loges en activité.

Mais un fait, à notre avis considérable, s'était produit en 1786. Les Chapitres du rite Templier s'étaient officiellement alliés au Grand-Orient et avaient même opéré leur fusion avec lui. Nous avons vu comment les frères de ce rite avaient aidé à la révolte d'où était issu le Grand-Orient ; résumons donc rapidement l'histoire du rite Templier.

## Le Rite Templier et l'Écossisme

La Franc-Maçonnerie, nous l'avons vu, avait été établie en Angleterre par des membres de la Fraternité des Rose-Croix désireux de constituer un centre de propagande et de recrutement pour leur ordre. La Franc-Maçonnerie anglaise ne comprenait que trois grades : apprenti, compagnon, maître. A cet exemple, la Franc Maçonnerie française et le Grand-Orient qui en était l'émanation principale étaient formés de membres pourvus seulement de ces trois grades. Mais bientôt certains hommes prétendirent avoir reçu une initiation supérieure, plus conforme aux mystères de la Fraternité des Rose-Croix, et des rites se créèrent décernant des grades supérieurs à celui de maître, appelés *hauts grades*.

L'esprit des rites à grades supérieurs ainsi créés était, bien entendu, différent de celui de la maçonnerie proprement dite. C'est ainsi que Ramsay avait institué en 1728 le *Système écossais* dont la base était politique et dont l'enseignement tendait à faire de chaque frère un vengeur de l'Ordre du Temple. De là, le nom de *rite Templier* que nous avons donné à cette création de Ramsay. Les réunions des frères pourvus de hauts grades prirent le nom, non plus de Loges, mais bien de Chapitres. Les principaux chapitres établis en France furent :

1° *Le Chapitre de Clermont* (Paris 1752) d'où sortit le baron de Hundt, créateur de la haute maçonnerie allemande ou illuminisme allemand ;

2° Après le Chapitre de Clermont parut le *Conseil des Empereurs d'Orient et d'Occident* (Paris 1758), dont certains membres se séparant de leurs frères formèrent :

3° *Les Chevaliers d'Orient* (Paris 1763), chacune de ces puissances délivrait des chartes de Loges et même les principaux frères (Tshoudy, Boileau, etc.), créèrent en Province des rites spéciaux.

En 1782, le Conseil des Empereurs et les Chevaliers d'Orient se réunirent pour former le *Grand Chapitre général de France*, dont les principaux membres avaient aidé à la constitution du Grand-Orient par leurs intrigues.

Aussi voyons-nous, en 1786, ces frères amener la fusion du *Grand Chapitre général de France*. Que résulta-t-il de cette fusion ?

Les membres du Grand Chapitre, tous bien disciplinés, poursuivant tous un but précis et possédant l'*intelligence*, se trouvaient disposer *du nombre* fourni par le Grand-Orient. — On comprend maintenant la genèse maçonnique de la Révolution française.

La plupart des historiens confondent ces membres du rite Templier, véritables inspirateurs de la Révolution (1), avec les martinistes.

### LA FRANC-MAÇONNERIE DE 1789 A 1898

*Historique*

Nous avons précédemment suivi l'histoire du Grand-Orient et celle du Rite Templier jusqu'en 1789 ; poursuivons-la jusqu'à nos jours.

1° GRAND-ORIENT. — Le Grand-Orient possédait la tradition à peu près intégrale des trois premiers degrés et, depuis 1786, la tradition des grades templiers et autres formant la Maçonnerie de perfection en 25 degrés et que nous analyserons par la suite. Un Grand Collège des Rites était chargé de conserver cette tradition qui permettait de relier les maçons issus du Grand-Orient avec ceux du reste de l'univers.

En 1804, un concordat fut même établi, pendant quelques mois, qui donnait au Grand-Orient le pouvoir de conférer les grades des 31°, 32° et 33° degrés par l'entremise du Rite Écossais dont nous parlerons bientôt.

Mais, sous prétexte de purger la Franc-Maçonnerie

---

(1) Certains auteurs prétendent même que l'internement de Louis XVI *au Temple* fut le résultat de la décision des frères du rite Templier.

des superstitions et des restes du passé, les membres du Grand-Orient, poussés par les députés des loges de province, tous plus ignorants de la valeur des symboles les uns que les autres, transformèrent au goût de la multitude électorale le dépôt qui leur avait été confié et devinrent un centre de politique active, professant ouvertement le matérialisme et l'athéisme.

En 1885, la transformation s'étendit jusqu'au Collège des Rites, dépositaire d'un reste de traditions, et le lien qui rattachait la majorité des maçons français au reste de l'Univers fut définitivement rompu.

Au moment où elle avait le plus besoin d'étendre son influence au dehors, au moment où il était nécessaire d'exercer une surveillance effective sur l'action de l'étranger dans les centres maçonniques des autres pays, la France était, par la faute du Grand-Orient, mise à l'index, et, lors de l'Exposition universelle de Chicago, quand le président du nouveau Conseil des Rites (le plus haut officier du Grand-Orient) se présenta à l'entrée des loges américaines, il fut mis à la porte comme un vulgaire profane qu'il était pour les vrais maçons.

Voici la teneur de l'acte si grave commis en 1885 :

Par décret promulgué le 9 novembre 1885, le Grand-Orient de France, conformément à la décision prise le 31 octobre précédent par l'Assemblée générale des Ateliers symboliques de l'Obédience ;

Ordonne la dissolution du Grand Collège des Rites et charge le Conseil de l'Ordre de veiller à sa reconstitution.

Le grand chancelier protesta de la manière suivante, mais en vain :

Vous m'avez fait parvenir une ampliation du décret de l'Assemblée générale des Ateliers symboliques en date du 31 octobre dernier (1885), prononçant la dissolution du Souverain Conseil des grands inspecteurs généraux du Rite Écossais ancien et accepté, qui, sous le titre de Grand Collège des Rites, constitue, au sein du Grand-Orient de France, le Suprême Conseil pour la France et les possessions françaises.

Cette décision, qui, sous prétexte de réorganisation, renverse tous les principes et toutes les traditions de la Franc-Maçonnerie universelle, est absolument illégale par l'incompétence de ceux qui l'ont rendue.

FERDEUIL,
Grand Chancelier
du Grand Conseil des Rites.

On fait tous les efforts possibles, au Grand-Orient pour cacher aux frères qui entrent dans l'Ordre la manière dont les membres de ce Rite sont jugés à l'étranger et on se garde bien de leur dire qu'ils ne seront reçus nulle part dès qu'ils sortiront de France — ou de quelques-unes de ses colonies. — Les grands mots de raison, superstition écrasée, principes de la liberté, etc., etc., remplacent les traditions de la maçonnerie universelle, et ces grands niais sont encore bien flattés quand un maçon de marque étranger vient *en visiteur* se rendre compte si la séparation de la France et du reste du monde est toujours durable. On reçoit avec de grands honneurs le visiteur, qui s'empressera, dans son pays, de mettre à la porte le vénérable de la loge, s'il ose se présenter, à son tour, à une tenue à l'étranger.

Aussi le Grand-Orient est-il destiné à disparaître, quelle que soit sa prospérité apparente, s'il ne revient pas rapidement à une meilleure compréhension des intérêts réels de la nation.

Nous ferminerons cet exposé en citant ces quelque mots d'Albert Pike :

« Le Grand-Orient de France a toujours été entre les mains des trois I, des Ignorants, des Imbéciles et des Intrigants (1) ».

### ÉCOSSISME

En 1786, le Rite Templier avait fusionné avec le Grand-Orient.

Ce Rite Templier était alors composé de 25 grades; il était réellement, en laissant de côté son but de vengeance politique, un rite de perfection où les maçons ordinaires étaient amenés à connaître certains enseignements concernant la tradition kabbalistique des Templiers.

Or, en 1761, c'est-à-dire avant la fusion avec le Grand-Orient, le Conseil des Empereurs d'Orient et d'Occident avait donné à un juif nommé Morin les pouvoirs nécessaires à l'effet d'établir le système templier en Amérique, où se rendait ce Morin.

Celui-ci, arrivé à destination, s'empressa de donner le 25e degré à plusieurs de ses coreligionnaires qui, de concert avec lui, initièrent à leur tour plusieurs chrétiens en 1797.

---

(1) Lettre d'Albert Pike au vicomte de la Jonquière.

Quand les nouveaux initiés se sentirent assez forts, ils jetèrent leur initiateur à la porte et, se séparant de lui, ils ajoutèrent 8 grades hermétiques aux 25 déjà existants, ce qui porta le nombre des grades du système écossais à 33. C'est ainsi qu'ils fondèrent à Charleston, en 1801, un Suprême Conseil qui devait, par la suite, acquérir une grande influence. Pourquoi ce chiffre de 33 degrés ? Un ancien maçon, pourvu de ce grade, M. Rosen, prétend que ce chiffre représente le degré de latitude de Charleston, c'est peut-être malicieusement vrai ; car nous verrons que le nombre de grades importe peu, pourvu que le système maçonnique soit réellement synthétique.

Voici deux tableaux donnant les noms des frères qui ont présidé à la naissance du Rite Écossais en Amérique.

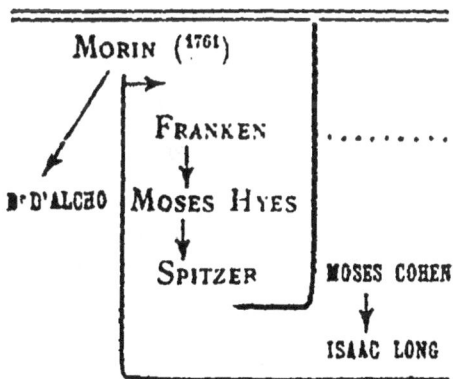

MAC ∴ DE PERFECTION
A 25 DEGRÉS

RITE ÉCOSSAIS ANCIEN ET ACCEPTÉ
à 33 degrés

MORIN (1761)

Dr D'ALCHO

FRANKEN
↓
MOSES HYES
↓
SPITZER

MOSES COHEN
↓
ISAAC LONG

3 mai 1797 : DE LA HOGUE. — DE GRASSE. — CROZE. — MAGNAN. — SAINT-PAUL. — ROBIN. — PETIT. — MARIE.

FRANKEN. DALCHO. DE GRASSE-TILLY.

DE LA MOTTE. BOWEN. DIEDEN. ALEXANDER. DE LA HOGUE. MITCHELL. ISAAC AULD.

Réunis à Charlestown (Caroline du Sud), le 31 mai 1801. Fondat. Sup ∴ Cons ∴ Écoss ∴

On remarquera parmi ces noms celui de *Grasse-Tilly*. Ce fut lui qui revint en Europe en 1804 et qui rapporta le système de 33 degrés, avec pouvoir de constituer des aéropages. Il avait été précédé de quelques mois par un autre initié direct de Morin, un nommé *Hacquet*, dont la tentative n'eut guère de suite.

De Grasse Tilly et les frères qu'il avait initiés firent un concordat avec le Grand-Orient en 1804. Ce concordat fut rompu *d'un commun accord*, le 6 septembre 1805. Nous soulignons d'un commun accord et nous renvoyons à Ragon (*Orthod. maç.*, p. 313) pour les détails qui prouvent, à l'encontre de ce que dit M. Rosen dans son livre (*Satan et Cie*), qu'il n'y eut pas d'histoires d'argent réclamé dans cette affaire.

Ce qui reste par exemple acquis, c'est que les prétendus grades maç∴ donnés par Frédéric de Prusse sont de l'invention de Bailhache, en collaboration avec de Grasse Tilly.

De 1806 à 1811, le Suprême Conseil fondé par de Grasse Tilly ne délivre que les plus hauts grades, 31e, 32e et 33e, laissant le Grand-Orient délivrer les autres.

En 1811, le Suprême Conseil se déclare indépendant. En 1815, de Grasse Tilly revient des Pontons anglais et fonde un nouveau Suprême Conseil. L'ancien Suprême Conseil met de Grasse en jugement et le fait condamner. Mais le nouveau Suprême Conseil, présidé par le duc Decaze, prend une telle importance qu'en 1820 l'ancien se joint à lui et en 1821 est constitué *le Suprême Conseil du Rite Écossais* ancien et accepté pour la France et ses dépendances; puis, en 1822, le nouveau pouvoir fonde des loges.

En 1875, eut lieu à Lausanne un convent très important des divers Suprêmes Conseils écossais.

En 1879, quelques loges écossaises de Paris se séparèrent du Suprême Conseil, en protestation contre l'existence des hauts grades, et fondèrent la *Grande Loge Symbolique Écossaise*, qui devint bientôt assez puissante.

Pendant ce temps les affaires du Suprême Conseil allaient mal et la pénurie des fonds devint telle qu'en 1897 le Suprême Conseil dut faire une entente avec les anciennes loges rebelles. D'après cette entente, le Suprême Conseil passa à la Grande Loge Symbolique toutes ses loges et garda seulement les chapitres et les aréopages. Ainsi se constitua la *Grande Loge de France*, qui s'empressa de faire une bévue énorme en supprimant la mention de Grand Architecte de ses planches et qui permet de couper ainsi le faible lien qui relie encore la France à l'Étranger.

## LE RITE DE MISRAÏM

Que dirons-nous de l'histoire du dernier rite dont il nous reste à parler : *le rite de Misraïm ?*

Voici comment Clavel raconte sa fondation :

C'est en 1805 que plusieurs frères de mœurs décriées n'ayant pu être admis dans la composition du *Suprême Conseil Écossais*, qui s'était fondé en cette année à *Milan*, imaginèrent le régime misraïmite. Un frère, *Lechangeur* fut chargé de recueillir les éléments, de les classer, de les coordonner, et de rédiger un projet de statuts généraux. Dans les commencements, les postulants ne pouvaient arriver que jusqu'au 87° degré. Les trois autres, qui complétaient le système, étaient réservés à des *supérieurs inconnus*, et les noms même de ces degrés étaient cachés aux frères des grades inférieurs. C'est avec cette organisation que le rite de *Misraïm* se répandit dans les royaumes d'*Italie* et de *Naples*. Il fut adopté notamment par un chapitre de Rose-Croix, appelé *la Concorde*, qui avait son siège dans les *Abruzzes*. Au bas d'un bref ou diplôme, délivré, en 1811, par ce chapitre, au frère *B. Clavel*, commissaire des guerres, figure la signature d'un des chefs actuels du rite, le frère *Marc Bedarride*, qui n'avait alors que le 77° degré. Les frères *Lechangeur, Joly* et *Bedarride* apportèrent en France le *Misraïmisme* en 1814 (1).

Depuis 1814, le rite s'est anémié progressivement. Actuellement il compte à Paris en tout moins d'une vingtaine de membres qui constituent à eux seuls sa loge (car il n'y en a plus qu'une), son chapitre, son aréopage et qui sont à l'index de la Maçonnerie universelle, sauf de très rares exceptions.

## GRAND-ORIENT ET ÉCOSSISME

Il est fort curieux de voir ceux qui ont transformé complètement le dépôt de traditions et de symboles qu'on leur a confié, qui ont méconnu à tel point les caractères de grande fraternité universelle de la Franc-Maçonnerie, qu'ils se sont mis au ban de toutes les

---

(1) Clavel, *Histoire pittoresque de la Franc-Maçonnerie.*

initiations de la terre, il est curieux, dis-je, de voir ces descendants de Lacorne prendre de grands airs de dignité pour demander aux frères du Rite Écossais leurs archives et leur filiation. Par Grasse Tilly, Francken et Morin, les maçons écossais se rattachent directement à Ramsay et aux Templiers et ils ont, du moins, le mérite de ne pas trop avoir abîmé leur tradition malgré ses défauts. Tandis que le Grand-Orient, ayant brisé en 1773 ses constitutions originelles, ayant détruit en 1885 son Grand Collège des Rites pour le transformer en une halle parlementaire, n'a plus de la Franc-Maçonnerie que le nom et est condamné à disparaître brusquement dès que les Français du Rite Écossais auront le courage de se ressaisir, de laisser là les questions d'argent et de reconstituer une Maçonnerie nationale spiritualiste et solidement attachée au reste de l'Univers.

Mais admettons que ce fait ne se produise pas. Admettons que les agissements de ceux qui rêvent d'isoler définitivement la France, mère, par Morin, de tous les Suprêmes Conseils du Rite Écossais anciens et acceptés actuels, réussissent et que l'initiatrice semble définitivement tuée par ceux qu'elle a initiés.

Croyez vous que la légende d'Hiram ne deviendrait pas alors une vivante réalité ?

Croyez-vous donc que les Illuminés ne referaient pas ce qu'ils ont fait une première fois ?

Et on verrait naître une nouvelle forme maçonnique adaptée à notre époque et basée sur les mêmes principes qui ont généré la première. Et bientôt cette création serait assez forte pour s'imposer partout, sans parchemin, sans arbre généalogique autre qu'un ordre de l'Invisible à un de ces *Supérieurs inconnus* qui veillent toujours dans un plan ou dans l'autre. Et les restes des vieilles et antérieures créations s'effondreraient vite, si cela était nécessaire.

Car, outre sa filiation templière, dont le but est toujours dangereux pour la tolérance d'un martiniste, le Rite-Écossais a conquis droit de grande naturalisation par ses propres forces et par son caractère vraiment international.

Alors qu'un maçon du Grand-Orient ne pourra entrer dans aucune loge en dehors de la France et de quelques colonies, le maçon écossais sera fraternellement reçu dans l'étendue de la juridiction des vingt-sept Suprêmes Conseils. issus de celui de Charleston et dont le tableau suivant montrera la filiation pour les principaux.

Aussi, si les Illuminés pensent nécessaire de reconstituer la vitalité d'un centre déjà existant pour l'étude et la pratique du symbolisme, au lieu d'en créer un nouveau, c'est à l'Écossisme qu'il leur faudra de préférence s'adresser ; car il est seul capable de ramener la Maçonnerie française hors de l'athéisme et du bas matérialisme où elle se perdrait définitivement.

## FILIATION DES DIVERS SUPRÊMES CONSEILS DÉRIVÉS DE MORIN ET DE CHARLESTON

TEMPLIERS

| | | | |

RAMSAY
(France)
1758

MORIN (1761)

États-Unis

FRANKEN-DALCHO (1801)
De Grasse-Tilly

Belgique
(1817)

CHARLESTON

*Suprêmes Conseils* :

France
(1804)
(De Grasse
Tilly)

Écosse
(1846)

Hongrie
(1871)

Suisse
(1873)

Italie
(1805)

Égypte
(1878)

Tunis
(1880)

Espagne (1811)

| Boston | Angleterre | Canada |
| (1813) | (1846) | (1874) |

Irlande (1826)

Pérou (1830)

| Colon | Colombie | Costa-Rica |
| (1859) | (1833) | (1870) |

Venezuela (1864)

PORTUGAL
(1842)

| BRÉSIL | URUGUAY | ARGENTINE |
| (1829) | (1856) | (1858) |

LES GRADES MAÇONNIQUES. — CONSTITUTION PROGRESSIVE

DES 33 DEGRÉS DE L'ÉCOSSISME

Il ne nous suffit pas de connaître le résumé de l'histoire des différents rites. Il nous faut pénétrer plus avant dans leur connaissance et, tout en réservant pour un ouvrage ultérieur une étude complète et détaillée du symbolisme maçonnique, donner à ceux qui s'intéressent soit à la Maçonnerie, soit à l'Illuminisme ou au Martinisme, une idée du caractère réel des rites au point de vue de la tradition.

Tout d'abord mettons les lecteurs en garde contre les études faites par les cléricaux. Nous avons déjà parlé de la tendance de ces derniers à confondre l'Illuminisme et la maçonnerie. Partant d'une idée préconçue : l'intervention de Satan dans les loges, les écrivains rattachés au cléricalisme ont entremêlé l'analyse des rituels maçonniques, de sous-entendus et de réflexions personnelles du plus pur grotesque. Sous des apparences d'analyse impartiale, ils glissent de temps en temps un petit commentaire destiné à égarer le lecteur confiant. En agissant ainsi, ils restent dans leur rôle, que nous connaissons personnellement par expérience, et ils étaient dignes de tenter la verve de Léo Taxil, qui s'est moqué d'eux avec tant d'habileté, qu'ils ont injurié l'homme ; mais intégralement gardé ses idées sur le rôle secret de l'Occultisme à notre époque.

RAMSAY
(Cr Templier)

1752
d'un Chapitre et
d'un Hte Mde Loge du
Bleu Français

1754
CHAPITRE
de Clermont

1743
Loge

1756
Loge du

1756
Conseil des Empereurs
d'Orient et d'Occident

1758
Empereurs
d'Orient et d'Occident

Amérique

1761
MORIN
débarque en
Amérique
33 degrés

33 degrés
FRANKEN
Palcha
De Grasse Tilly

Loge de Morne
1761

1764
Chevalier
d'Orient

1742

FRANKEN

ordre des Hauts Grades Templiers

Cérémon

1773
Gd ORIENT
de FRANCE

1760
Huitième GRANDE LOGE
ÉCOSSAISE
25 Degrés
de Perfection

1782
Gd Chapitre Gd d'u France

1786 Entrée au Gd ORIENT
de la Mac. des 25 Perfection

Adéquat

Collège
des Rites

1799
Gd Orient

1803

1804
arrivée de Grasse Tilly
33 degrés
Grasse Tilly  Ch. de

Concordat

Création
du Sup. Conseil

1805
Pr non admis au
Sup. Cons. de Milan

1811

Indépendance
du Sup. Conseil

1815 Retour de
Grasse Tilly

1818
Nouveau Suprême
GRASSE TILLY
Duc Decaze

1814
MISRAÏM
Béchanger, Jolly
Bédarride

1820

SUPRÊME CONSEIL
des Rites Écossais ancien
6 nationale pour la France
et ses dépendances

1822
Création directe
des Loges

obre 1885
repris du
Gd des Rites
par le Gd ORIENT
réaction
apolique

1875
Couvent de
Lausanne

1879
Gde Loge Symbolique
Écossaise

1897
Gde LOGE de FRANCE

chapitres
compagnie

Loges

Histoire de la
FRANC-MAÇONNERIE
en France
de 1743 à 1897

par le Dr PAPUS

Nous allons analyser les transformations du rituel en jetant un coup d'œil très général sur son évolution historique.

Le premier rituel maçonnique unissant les maçons de l'Esprit à ceux de la matière, a été composé par des frères illuminés de la Rose-Croix dont les plus connus sont : Robert Fludd et Élie Ashmole (1).

### CLEF DES GRADES SYMBOLIQUES

#### APPRENTI

Les trois premiers degrés furent établis sur le cycle quaternaire appliqué au dénaire, c'est-à-dire sur la quadrature *hermétique* du cercle universel.

Le grade d'apprenti devait dévoiler, enseigner et revoiler le premier quart du cercle ; le grade de compagnon, le second quart et le grade de maître les deux derniers quarts et le centre.

La signification attribuée par le révélateur à chaque grade dérive directement de la signification totale du cercle et de son adaptation particulière.

Ainsi, si l'adaptation du cercle se rapporte au mouvement de la terre sur elle-même, le premier quart du cercle décrira symboliquement la sortie de la nuit, depuis six heures du matin jusqu'à neuf heures, le second quart de cercle l'ascension de neuf heures

_____

(1) Citons, parmi les autres Rose-Croix qui contribuèrent à la nouvelle création : J.-T. Desaguliers, Jacques Anderson, G. Payne, King, Calvat, Lumden, Madden, Elliot.

à midi et les deux derniers quarts la descente vers la nuit, ou de midi au soir.

Dans ce cas, l'apprenti sera l'homme du matin, et du soleil levant; le compagnon l'homme de midi. ou du plein soleil; et le maître, l'homme du soleil couchant.

Si l'adaptation du cercle se rapporte à la marche (apparente) du Soleil dans l'année, les quarts de cercles correspondront aux saisons et représenteront respectivement le Printemps, l'Été, l'Automne et l'Hiver.

L'apprenti sera alors la graine qui éclôt; le compagnon, la plante qui fleurit; le maître, la plante qui fructifie et le fruit qui tombe pour générer de nouvelles plantes par la fructification qui libère les graines contenues en lui.

Chacune de ces adaptations pouvant être appliquée au monde physique, au monde moral ou au monde spirituel, on comprend comment de vrais illuminés pouvaient réellement amener vers la lumière de la vérité, vers cette « lumière qui illumine tout homme venant en ce monde, » vers le Verbe divin vivant, les profanes appelés à l'initiation.

Mais pour cela, il fallait que la clef fondamentale et hermétique des degrés et de leur adaptation fût conservée par une *université occulte*. Tel était le rôle que s'étaient réservés les Rose-Croix et les initiés judéochrétiens. Ils ont toujours ces clefs dont les écrivains purement maçonniques n'ont vu que les adaptations, et le présent travail, bien que très résumé, ouvrira à ce sujet les yeux de *ceux qui ont des yeux pour voir et des oreilles pour entendre*. Que les autres nous insultent et nous accusent d'adorer le diable ou de servir les jésuites, nous les laisserons dire et nous hausserons les épaules.

Au point de vue alchimique, les trois premiers

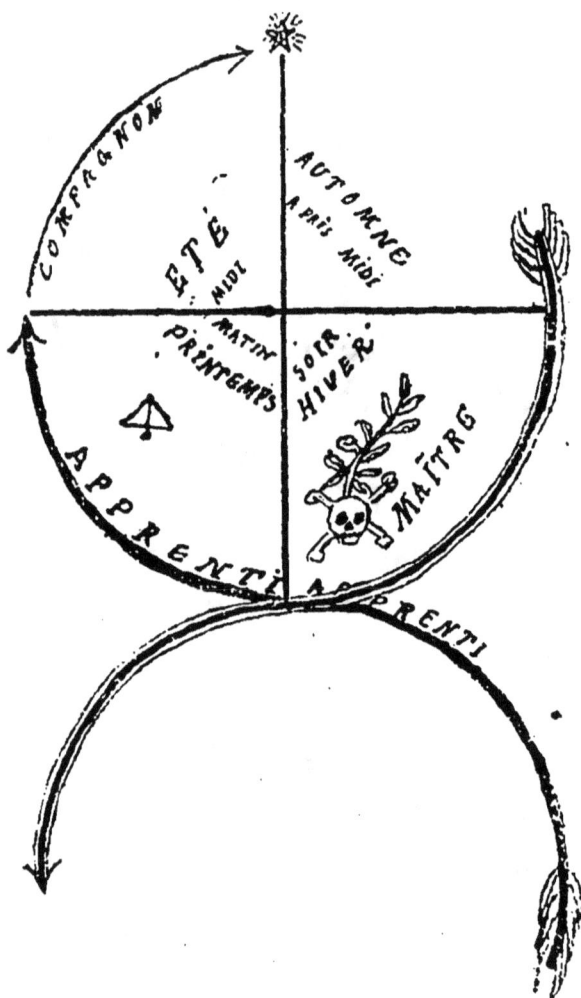

Clef des grades symboliques.

grades représentaient la préparation de l'œuvre : les travaux de l'apprenti figurant les travaux matériels, ceux du compagnon représentant la recherche du véritable feu philosophique et le grade de maître correspondant à la mise dans l'athanor du mercure philosophique et à la production de la couleur noire, d'où doivent sortir les couleurs éclatantes.

Il faut vraiment ne pas se rendre compte des idées et des travaux des Rose-Croix hermétistes, pour ne pas voir que de véritables occultistes établiront leur cadre initiatique d'après les règles strictes de l'adaptation des principes et que la vengeance d'un prétendant évincé ne jouera qu'un rôle bien secondaire dans l'affaire.

Venant du cercle du monde profane, l'apprenti y reviendra plus tard à l'état de maître, après avoir acquis l'initiation. Ainsi est figuré le caducée hermétique qui donne la clef réelle des grades symboliques.

Martines la connaissait, comme tout illuminé, puisqu'il a divisé son initiation par *le quart de cercle*.

On ne peut passer d'un plan à un autre qu'en traversant le royaume de l'obscurité et de la mort : tel est le premier enseignement qu'indique au futur initié le cabinet de réflexions et ses symboles.

L'initié ne peut rien commencer seul, sous peine de graves accidents ; il doit donc s'assurer des guides visibles ayant déjà acquis l'expérience, tel est l'enseignement qui se dégage des discours et des interrogations auxquels prendra part le futur apprenti, dès son entrée en loge.

Mais les enseignements oraux n'auraient aucune valeur sans l'expérience personnelle, tel est le but *des voyages* et *des épreuves* des différents grades.

### COMPAGNON

L'apprenti *croît* sans changer de plan. Il passe, des travaux matériels aux travaux concernant les *forces astrales*; il apprend à manier les instruments qui permettent de transformer la matière sous l'effet des forces physiques maniées par l'intelligence, il apprend aussi qu'en dehors des forces physiques existent des forces d'un ordre plus élevé, figurées par le flamboiement de l'étoile : ce sont les *forces astrales* qu'on lui laisse pressentir sans les nommer par la vue de l'étoile flamboyante.

L'apprenti devient ainsi compagnon, et il est instruit sur les éléments de l'*histoire* de la tradition.

### MAITRE

Le compagnon qui va devenir maître doit se préparer à changer de plan. Il passera donc de nouveau dans le royaume de l'obscurité et de la mort ; mais, cette fois, il y passera seul et sans avoir besoin de guide, il fera *consciemment* ce qu'il a fait inconsciemment dans la chambre de réflexion.

Mais, auparavant, il recevra la clef des trois grades et de leurs rapports, enfermée dans l'histoire d'*Hiram* et de ses trois meurtriers.

Ainsi que nous l'avons précédemment démontré (1), l'adaptation solaire de la légende n'est qu'une adaptation d'un principe bien plus général : la circulation du cercle dans le quaternaire, avec ses deux phases d'évolution et d'involution.

Mais ce qu'il faut retenir pour l'instant, c'est que l'initié ne va pas seulement entendre cette légende, *il va la vivre* en devenant le personnage principal de sa reproduction.

Ici apparaît un procédé bien remarquable mis en pratique par Ashmole qui composa ce grade en 1649 (ceux d'apprenti et de compagnon ont été composés respectivement en 1646 et 1648). Pour apprendre à l'initié l'histoire de la tradition d'une manière vraiment utile, *on va la lui faire revivre*. Telle sera la clef des grades ultérieurs et de leur rituel. Telle est la constatation qu'il faut toujours avoir présente à l'esprit quand il s'agira de réformer les rituels en les adaptant à de nouvelles époques, sans s'éloigner de leur principe de constitution.

## APPORT DES GRADES TEMPLIERS

### RAMSAY

Pour éviter toute obscurité ou toute énumération fastidieuse suivons l'évolution des grades maçonniques.

---

(1) *Traité méthodique de Science occulte*, analyse de la légende d'Hiram

Aux trois grades purement symboliques d'apprenti, de compagnon et de maître *Ramsay* ajoute, en 1738, trois nouveaux grades dénommés *Écossais*, *Novice* et *Chevalier du Temple*.

Ces grades sont *exclusivement templiers* et ont pour but de faire revivre au récipiendaire : 1° la naissance et la constitution de l'Ordre du Temple qui continue le Temple de Salomon :

2° La destruction extérieure et la conservation secrète de l'Ordre ;

3° La vengeance à tirer des auteurs de la destruction.

Telle est la clef des trois grades, qui ont été adaptés à la légende d'Hiram, rattachant ainsi le Temple de Jérusalem à l'Ordre de Jacobus Burgundus Molay.

Les maçons qui voulaient conquérir les grades supérieurs devaient s'instruire dans l'Occultisme et les premiers éléments de la Kabbale. Aussi le *Novice* (devenu Royal Arche plus tard) apprenait-il les noms divins que voici :

| | |
|---|---|
| Iod (*Principium*). | י |
| Iaô (*Existens*). | יהך |
| Iah (*Deus*). | יה |
| Ehieh (*Sum, ero*). | אהיה |
| Eliah (*Fortis*). | אליה |
| Iahib (*Concedens*). | יהב |
| Adonai (*Domini*). | אסבי |
| Elchanan (*Misericors Deus*). | אלחנן |
| Iobel (*Jubilans*). | יןבל |

On lui faisait, en même temps, étudier les rapports des lettres et des nombres, et les premiers éléments de la symbolique des formes.

Au grade suivant, *Écossais* (devenu le Grand Écossais plus tard), on joignait, à ces premières études, d'autres plus approfondies sur les *correspondances* dans la nature. C'est ainsi que le tableau suivant des correspondances des Pierres du Rational et des noms divins indiquera les premiers éléments de ces études.

| Pierres du Rational | Nom Divin gravé et signification | |
| --- | --- | --- |
| Sardoine | Melek | (*Rex*) |
| Topaze | Gomel | *Retribuens* |
| Emeraude | Adar | *Magnificus* |
| Escarboucle | Ioah | *Deus fortis* |
| Saphir | Hain | *Fons* |
| Diamant | Elchai | *Deus vivens* |
| Syncure | Elohim | *Dii* (Sin, les Dieux) |
| Agathe | El | *Fortis* |
| Améthyste | Iaoh | IAΩ |
| Chrysolithe | Ischljob | *Pater excelsus* |
| Onyx | Adonai | *Domini* |
| Béryl | Ieve | (*Sum qui sum*) |

L'initiation à ces deux grades développait l'union entre le Temple de Salomon et les Templiers et elle se faisait dans des lieux souterrains pour exposer la nécessité à laquelle avait été réduit l'Ordre.

C'est au grade de *Chevalier du Temple* (devenu, en partie, le Kadosh) que le récipiendaire était vraiment consacré vengeur vivant de l'Ordre. On transformait ainsi l'initiation en une guerre politique à laquelle les Martinistes ont toujours refusé de s'associer.

Les paroles suivantes, gravées sur le tombeau symbolique de Molay, indiquaient, de plus, que les procédés tendant à atteindre jusqu'au seuil de la seconde mort étaient connus de ceux qui constituèrent ce grade.

*Quiconque pourra vaincre les frayeurs de la mort sortira du sein de la terre et aura droit d'être initié aux grands mystères.*

Le détail de l'initiation du Kadosh avec ses quatre chambres, la Noire où préside le grand maître des Templiers, la Blanche où règne Zoroastre, la Bleue où domine le chef du Tribunal de la *Sainte-Wœhme* et la Rouge où Frédéric dirige les travaux, indique que ce grade est le résumé de toutes les vengeances et la matérialisation, sur la terre, de ce terrible livre de sang, qui s'ouvre trop souvent dans l'invisible quand Dieu permet aux inférieurs de se manifester.

C'est ce grade qui a toujours été réprouvé par les Martinistes, qui préfèrent la prière à la vengeance politique et qui veulent être des soldats loyaux de Celui qui a dit : « *Qui frappera par l'épée, périra par l'épée.* »

.·.

Le Rite Templier comprenait, non pas seulement ces quatre grades de Ramsay, mais bien huit grades que M. Rosen dans son *Satan démasqué* (auquel doit avoir collaboré quelque bon clérical, car l'auteur est trop instruit pour avoir dit toutes les naïvetés contenues dans cet ouvrage) rattache à tort, à notre avis, aux grades écossais du 19ᵉ au 28ᵉ :

### GRADES DU RITE TEMPLIER

1° Apprenti ou Initié ;

2° Compagnon ou Initié de l'Intérieur ;

3° Adepte ;

4° Adepte de l'Orient ;

5° Adepte de l'Aigle-Noir de Saint-Jean ;

6° Adepte parfait du Pélican ;

7° Écuyer ;

8° Chevalier de garde de la Tour intérieure.

# LE RITE DE PERFECTION

## ANALYSE DE SES GRADES

C'est à ces grades templiers que la constitution du Rite de Perfection (1758) vint ajouter le complément du système maçonnique tout entier ainsi constitué :

1° Une section historique et morale dans laquelle le récipiendaire revit l'histoire du premier Temple de Jérusalem, depuis sa construction jusqu'à sa destruction, puis il participe à la découverte du Verbe qui, en s'incarnant, va donner naissance au Christianisme et à la Nouvelle Jérusalem, dont le récipiendaire devient un chevalier.

Analogiquement, cette section historique permettait de profondes dissertations morales sur la chute et la réintégration naturelle de l'être humain :

2° Une section hermétique, consacrée au développement des facultés hyperphysiques de l'être humain, aux cérémonies initiatiques, reproduisait les phases du dédoublement astral et des adaptations alchimiques.

Cette section était renfermée dans deux grades seulement du Rite de Perfection : le Prince Adepte et le Prince du Royal Secret;

3° A ces deux sections s'ajoutait, comme nous l'avons dit, la section templière.

Analysons rapidement les 25 degrés du Rite de Perfection pour éclairer encore la classification précédente.

Du 4e au 15e grade, le président de loge représente soit Salomon, soit un de ses aides ou un de ses vassaux. L'on s'occupe, soit de la construction du Temple, soit de la vengeance d'Hiram ou de son remplacement.

C'est cette idée de vengeance qui a fait croire à Rosen (1) que les grades d'Élus se rapportaient à la *Saint-Wœhme* ; c'est une erreur qu'un illuminé n'aurait pu commettre. La *Saint-Wœhme* a été une adaptation germanique des vengeurs pythagoriciens, imités eux-mêmes des vengeurs d'Osiris, comme l'a fort bien vu l'auteur de *Thuileur de l'Écossisme* et cependant Aulnaye n'a pas dépassé les petits mystères et n'a compris dans l'initiation que le côté naturaliste et le plan sexuel, comme le font aujourd'hui les cléricaux. L'extrait suivant nous éclairera à ce sujet :

« Si le troisième grade de la Maçonnerie, celui de maître, nous offre le tableau de la mort d'Hiram, dit

_____

(1) *Satan démasqué.*

l'*Architecte du Temple*, ou plutôt de celle d'Osiris, de Pan, de Thammuz, Grand Architecte de la Nature, avec le premier élu s'échappe le premier cri de vengeance, celle qu'Horus exerça contre les meurtriers de son père, Jupiter contre Saturne, etc. Ce grand et permanent système de vengeance, qui se retrouve plus ou moins clairement exprimé dans une foule de grades et notamment dans le Kadosh, remonte aux temps les plus reculés. Indépendamment de l'interprétation que l'on peut lui trouver dans les opérations même de la Nature qui présentent une suite de combats et de réactions, entre le principe générateur et le principe destructeur, il appartient surtout à la théocratie, le plus ancien des gouvernements. Suivant les différentes circonstances où se sont trouvés les fondateurs des sociétés secrètes, et suivant l'esprit particulier qui les animait, ils ont fait l'application de cette vengeance à telle ou telle légende, à tel ou tel fait historique ; de là la différence des rites ; mais les principes fondamentaux sont toujours les mêmes (1).

Au 17ᵉ grade (chevalier d'Orient et d'Occident), nous arrivons à la prise de Jérusalem par les Romains et à la destruction du Temple.

C'est alors que nous trouvons le grade vraiment chrétien de la Maçonnerie, ce grade auquel les Rose-Croix ont donné le nom de leur Ordre et dans lequel ils ont renfermé la partie la plus pure de la tradition. Aussi les matérialistes, n'y comprenant plus rien, diront-ils que ce grade est une création des Jésuites, et

----

(1) De l'Aulnaye, *Thuileur général*, p. 58 (note).

les Jésuites, émus de voir la croix et le Christ glorieux dans un temple maçonnique, diront-ils que ce grade est une création de Satan.

Comme on le voit, il y en a pour tous les goûts.

Le grade de Rose-Croix maçonnique est la traduction physique des mystères qui conduisent au titre de Frère illuminé de la Rose-Croix, titre n'appartenant pas à la Franc-Maçonnerie, mais à sa créatrice : la Société des Illuminés. Un Rose-Croix maçon, quand il connaît bien son grade, peut être considéré comme un apprenti illuminé et il possède tous les éléments 'un haut développement spirituel, comme nous allons le voir en analysant ce grade.

### LA ROSE-CROIX MAÇONNIQUE

L'initiation au grade de Rose-Croix maçonnique demande quatre chambres : la Verte, la Noire, l'Astrale, et la Rouge, qu'on réduit, dans la pratique, généralement à trois en supprimant la première.

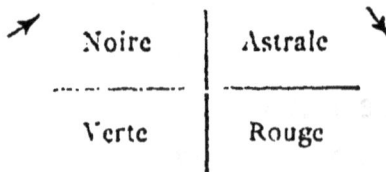

| Noire | Astrale |
|-------|---------|
| Verte | Rouge |

Le thème du grade, c'est que la Parole qui doit permettre la reconstruction du Temple a été perdue. Le récipiendaire la retrouve, c'est le nom de N.-S. Jésus-Christ : INRI, et, grâce à cette parole, il traverse la région astrale dans sa section inférieure ou infernale et il parvient dans la chambre de la purification chrétienne et de la réintégration.

Au point de vue alchimique, c'est la création de la pierre au rouge par la découverte des forces astrales, la sortie de la tête du corbeau et le passage au phénix ou au pélican.

Au point de vue moral, c'est la naissance en l'homme, de l'étincelle du Verbe divin, renfermée dans son âme, par l'exercice de la prière, de la charité, du sacrifice et de la soumission au Christ.

Allez donc faire comprendre cela à un marchand de vins, courtier électoral et dignitaire du Grand-Orient, ou à un R.-P. Jésuite. Le premier remplacera la Foi, l'Espérance et la Charité par sa chère devise Liberté, Égalité, Fraternité... ou la Mort, et le second voudra absolument trouver des anagrammes qui transforment le nom du Christ en celui du Prince de ce Monde, car il ne peut pas concevoir qu'on comprenne le Christ sans passer par l'intermédiaire coûteux de ceux qui pensent être le seul clergé divin sur la terre. Pour le clérical, c'est du « gnosticisme » que tout cela, et il entend par ce mot tout ce qu'il ne comprend pas.

Reprenons l'analyse de l'initiation.

La chambre verte rappelle la première évolution du récipiendaire dans les grades symboliques.

La chambre noire va lui ouvrir les portes de la seconde mort. Elle va indiquer un changement de plan. Elle est tendue de noir, avec des larmes d'argent.

La destruction du premier Temple est représentée

par des colonnes brisées et des instruments de construction jonchant le sol. Trois colonnes restent seules debout et le transparent qui les domine se lit : Foi, au S.-O.; Espérance, au S.-E., et Charité, au N.-O.

A l'est est un des symboles les plus profonds, tout d'abord une table, recouverte d'un drap noir, et sur laquelle se trouvent, outre les instruments de construction matérielle (compas, équerre, triangle), le symbole de la création par l'homme de son être spirituel : la Croix portant une rose à l'intersection de chacun de ses bras.

Cette table est placée devant un grand rideau qui, en s'écartant, laissera apercevoir le Christ crucifié éclairé par deux flambeaux de cire de couleur solaire.

.·.

C'est là que le récipiendaire retrouvera la « Parole perdue », après avoir recréé en lui d'abord la *Foi*, basée sur le travail personnel; puis la *Charité*, qui lui ouvre, toutes grandes, les portes de l'*Espérance*, de l'*Immortalité*.

Cette immortalité, il va en acquérir immédiatement la certitude symbolique, car, le visage recouvert d'un voile noir, il pénètre, *aidé par ceux qui ont passé avant lui*, dans la chambre que nous appelons astrale et qu'on appelle généralement infernale.

Disons à ce propos, et pour faire plaisir à M. Antonini (1), que ce que les catholiques appellent l'Enfer est appelé par les occultistes « plan astral inférieur ».

_____

(1) *Doctrine du Mal.*

Pour arriver au ciel, il faut traverser le plan astral et triompher, par sa pureté morale et par son élévation spirituelle, des larves et des êtres qui peuplent cette région de l'Invisible. Le ciel envoie à ses élus des guides pour passer à travers cette région, et l'auteur de *Pistis Sophia* donne d'intéressants renseignements à ce sujet. Mais les occultistes mettent les larves et les démons à leur vraie place et ils ne les adorent pas, réservant leurs prières pour le Christ ou la Vierge. Il faut triompher des démons pour parvenir au plan céleste et on n'en triomphe qu'en suivant les préceptes évangéliques, en Occident, ou en suivant les révélations des maîtres, en Orient. Tout homme de bien, qu'il soit chrétien, musulman ou bouddhiste, va au ciel quand il a suivi la parole de Dieu, et tout criminel, qu'il soit pape, prêtre catholique, juif, protestant ou simple laïque de n'importe quelle religion, va faire connaissance avec les êtres du plan astral, jusqu'à la dissolution de ses écorces, à moins que la pitié divine n'efface le cliché de ses fautes. Voilà pourquoi le Dante a vu plusieurs papes en enfer.

Cette chambre astrale est formée d'un transparent à chaque bout duquel est un squelette, pour bien indiquer que la mort est la seule porte d'entrée ou de sortie de cette chambre. Sur le transparent, on a peint des larves et des êtres astraux quelconques, que le récipiendaire aperçoit en soulevant le voile qui recouvre sa tête.

Il arrive ainsi à la chambre rouge, éclairée par 33 lumières.

A l'Orient, sous un dais, le récipiendaire aperçoit

4

un admirable symbole. En haut, une étoile flamboyante portant la lettre ש (Schin) renversée pour indiquer l'incarnation du Verbe divin dans la nature humaine. Au-dessous est un sépulcre ouvert et vide pour montrer que le Christ a triomphé de la mort, indiquant ainsi la voie à tous ceux qui voudront le suivre.

C'est aussi dans cette direction qu'est l'étendard du chapitre sur lequel est gravé le Pélican, debout sur son nid et nourrissant ses sept petits de son sang qu'il fait couler en se perçant le côté avec son bec. Ce Pélican porte sur la poitrine la Rose-Croix. Tel est le symbole du vrai chevalier du Christ, telle est la représentation de l'action incessante de la lumière divine qui fait vivre même ceux qui commettent des atrocités en son nom, comme le soleil éclaire les bons et les méchants répandus sur les sept régions planétaires de son système.

Les inscriptions des colonnes : *Infinité* et *Immortalité* caractérisent la transformation spirituelle des vertus illuminant la chambre noire.

Cette initiation est appuyée par quinze points d'instruction qui transforment successivement le récipiendaire en chevalier d'Heredom, chevalier de garde de la Tour et Rose-Croix. Ces instructions portent sur les points suivants :

1° Maîtrise ; 2° nombres 9, 7, 5 et 3 ; 3° pierre angulaire ; 4° mystères de l'arche et de l'immortalité (Énoch et Élie) ; 5° les montagnes de salvation, le Moria et le Calvaire, dans tous les plans ; 6° l'athanor hermétique ; 7° les vertus morales nées de l'effort spirituel; 8° la résistance aux passions (garde de la Tour); 9° la symbolique astrale; 10° la symbolique générale; 11° la symbolique numérale; 12° la Jérusalem chrétienne et le nouveau Temple universel; 13° les trois lumières chrétiennes : Jésus, Marie, Joseph; 14° la parole perdue; 15° *Consummatum est.*

Enfin, les Illuminés avaient transmis à la Maçonnerie, dans ce grade, leur système de réduction kabbalistique des noms en leurs consonnes et les cinq points figurant l'apprentissage de l'Illuminisme.

* * *

Les grades suivants : 19, grand pontife; 20, grand patriarche; 21, grand maître de la Clef; 22, prince du Liban, continuent la mise en action de la tradition historique.

Ce dernier grade, prince du Liban, est devenu le chevalier royal Hache de l'Écossisme et il commence la série des véritables grades hermétiques consacrés au développement des facultés spirituelles (1).

Le thème initiatique de ces grades hermétiques porte sur la partie de sa vie où Salomon s'est livré à l'étude de la magie et de l'alchimie. On voit ainsi Salomon soumis aux épreuves de la mort seconde, de l'abandon du vrai Dieu pour les idoles et revenant à la vraie foi par la science. C'est une reprise sur un autre plan de l'allégorie historique des grades précédents.

_____

(1) Voy. les études du Dr Blitz sur ces grades dans la revue *l'Initiation*.

Dans la Maçonnerie de Perfection, les grades hermétiques étaient renfermés dans les degrés suivants : 22, prince du Liban ; 23, prince adepte, et 25, prince du Royal Secret.

Nous retrouvons dans ce grade de prince adepte, devenu le 28e du Rite Écossais, chevalier du Soleil, ces études théoriques sérieuses qui forment la base de toute pratique réelle.

C'est à propos de l'Écossisme, et à cause des développements qu'il a donnés à ces grades hermétiques, que nous étudierons en détail cette section.

Comme on le voit, le Rite de Perfection contenait tout le système maçonnique et les transformations qu'il aura à subir ne porteront que sur le développement de grades existants déjà au « Conseil des Empereurs d'Orient et d'Occident ».

Passons donc à l'Écossisme; mais, avant, énumérons les sept classes comprenant les grades de ce Rite :

1re classe. — 1, 2, 3.
2e classe. — 4, 5, 6, 7 et 8.
3e classe. — 9, 10, 11.
4e classe. — 12, 13, 14.
5e classe. — 15, 16, 17, 18, 19.
6e classe. — 20, 21, 22.
7e classe. — 23, 24, 25.

Pour plus de détails, on pourra se reporter au tableau général des rites, à la fin de ce chapitre.

L'ÉCOSSISME. — RAISON D'ÊTRE DE SES NOUVEAUX GRADES
ILLUMINISME, RÉINTÉGRATION ET HERMÉTISME

Nous arrivons à l'Écossisme proprement dit, c'est-à-dire au développement des derniers grades du Rite de Perfection.

Ainsi que nous venons de le dire, les mystères du dédoublement conscient de l'être humain, ce qu'on a appelé la *sortie consciente du corps astral* et qui caractérisait le *baptême* dans les temples anciens, ces mystères ont été développés pour constituer les degrés écossais, ajoutés par le Suprême Conseil de Charleston, vers 1802, au système apporté par Morin.

Il n'est donc pas juste de ne voir dans ces grades que des superfétations inutiles. Ils terminent la progression du développement de l'être humain en lui donnant la clef de l'usage des facultés supra-humaines, du moins dans la vie actuelle. Nous disons la *clef*, car une initiation ne peut pas donner autre chose.

Qu'importe, après cela, que ces lumières soient données à des hommes qui n'y verront qu'un symbolisme ridicule, ou qu'elles aveuglent des cléricaux qui y chercheront des phallus et des ctéis, selon leur louable habitude ; car ils ont un cerveau ainsi fait qu'ils ne voient que cela partout, avec un diable quelconque pour chef d'orchestre. — Pauvres gens !

L'initiation va retracer les phases diverses de la traversée consciente des plans astraux, avec ses dangers, ses écueils et son couronnement qui est de franchir le cercle de l'enfer astral pour s'élever, si l'âme en est digne, dans les diverses régions célestes.

Le thème représentera, ainsi que nous l'avons dit, le récipiendaire sous la figure de Salomon occultiste dirigeant Hiram, en prenant part personnellement aux opérations.

Le 22e grade, *chevalier royal Hache*, se rapporte aux préparations *matérielles* des opérations figurées par les coupes des cèdres sur le mont Liban et par la hache consacrée.

Le 23e grade, *chef du Tabernacle*, se rapporte aux indications concernant le plan dans lequel on va opérer, c'est-à-dire la nature astrale. La salle est parfaitement ronde, éclairée par sept luminaires principaux et $49 = 13$ (chiffre du passage en astral) lumières accessoires. Le mot sacré est IEVE et le mot de passe est le nom de l'Ange du feu qui doit venir assister l'opérateur au début de ses épreuves : OURIEL.. Ce grade montre l'erreur des opérateurs qui, pour aller plus vite, font appel aux forces inférieures de l'astral et risquent de perdre la communication avec le ciel, en se laissant tromper par le démon, figuré ici par les idoles auxquelles sacrifia Salomon. Le récipiendaire doit sortir triomphant de ce premier contact avec la région astrale.

C'est alors qu'il aborde le plan où sont gravés les *clichés astraux*. Il voit la parole de Dieu, celle des douze commandements et celle des Évangiles écrite sur le livre éternel et il accomplit alors le premier *voyage en Dieu* (mot de passe) (24e grade).

C'est là qu'il atteint le plan d'extase où se trouvait Moïse quand il vit s'illuminer le buisson ardent. Il vient de dépasser le plan astral, il aborde le plan divin et il a la première manifestation de l'harmonie céleste (25e grade). Le récipiendaire a comme signe celui de la croix, et le mot sacré est Moïse, le mot de passe Inri, pour indiquer l'union des deux Testaments. Les chaînes qui entourent le récipiendaire indiquent le poids de la matière et des écorces qui paralyse l'action de l'Esprit dans le plan divin, et le serpent d'airain, entortillé autour de la croix, indique la domination du plan astral (le serpent) par l'homme régénéré par le Christ (la croix).

Les cléricaux n'ont pu, à leur grand regret, trouver de diable dans ce grade. Aussi le passent-ils généralement sous silence.

Poursuivant son évolution dans le plan invisible, le récipiendaire aborde les divers plans de la région céleste (26e degré, Écossais trinitaire ou prince de Merci). Il va passer par le premier, le second et le troisième ciel et, au lieu des démons du plan astral, il va prendre contact avec les sylphes et les receveurs célestes.

Aussi faut-il voir les gloussements ironiques des ignorants quand ils s'occupent de ce grade et les joyeux commentaires des cléricaux. Mais poursuivons :

Le récipiendaire reçoit *des ailes* comme marque de son ascension jusqu'au plan divin. Le catéchisme contient ces phrases caractéristiques :

D. — Êtes-vous Maître Écossais trinitaire ?

R. — J'ai vu la *Grande Lumière* et suis, comme vous, *Très Excellent*, par la *triple alliance* du sang de Jésus-Christ, dont vous et moi portons la marque.

D. — Quelle est cette triple alliance ?

R. — Celle que l'Éternel fit avec *Abraham* par la circoncision ; celle qu'il fit avec son peuple dans le désert, par l'entremise de Moïse ; et celle qu'il fit avec les hommes par la mort et la passion de Jésus-Christ, son cher fils.

Au degré suivant (27e), grand commandeur du Temple, le récipiendaire est admis dans la *Cour céleste* et le bijou porte en lettres hébraïques יבר״, c'est-à-dire INRI. Le signe consiste à former une croix sur le front du frère qui interroge.

Nous parvenons ainsi au grade qui renfermait primitivement tous les précédents, le grade de *chevalier du Soleil* (28e), l'ancien prince adepte du Rite de Perfection.

Ce grade symbolise la réintégration de l'Esprit dans l'Adam-Kadmon, quand il en a été jugé digne par Dieu. Le récipiendaire se trouve transporté dans l'espace intrazodiacal où était l'homme avant la chute, et il prend connaissance des sept Anges planétaires qui président, depuis la chute, aux destinées des sept régions, car le récipiendaire est supposé se trouver dans le soleil. Il va commencer à prendre connaissance des forces émanées de ce centre. Voici d'abord les correspondances enseignées dans ce grade, dont le mot de passe, purement alchimique, est *Stibium* :

| | | |
|---|---|---|
| MICHAEL | *Pauper Dei* | SATURNE |
| GABRIEL | *Fortitudo Dei* | JUPITER |
| OURIEL | *Ignis Dei* | MARS |
| ZERACHIEL | *Oriens Deus* | SOLEIL |
| CHAMALIEL | *Indulgentia Dei* | VÉNUS |
| RAPHAEL | *Medicina Dei* | MERCURE |
| TSAPHIEL | *Absconditus Deus* | LA LUNE |

Le 29e grade (grand écossais de Saint-André) est essentiellement alchimique. L'adepte est supposé revenu sur terre après son ascension dans le monde des principes, et capable de réaliser le Grand Œuvre.

A ce grade on a adjoint, comme mot sacré, un cri de vengeance, qui montre qu'on a mélangé quelques points du Rite templier avec l'enseignement hermétique. Voici les mots de passe de ce grade qui sont assez nets à ce sujet :

### MOTS DE PASSE DU 29e DEGRÉ

| | |
|---|---|
| Ardarel..... | Ange du Feu. |
| Casmaran... | — de l'Air. |
| Talliud ..... | — de l'Eau. |
| Furlac...... | — de la Terre. |

Parmi les grades administratifs 31e, 32e, 33e, nous signalerons surtout le 32e, l'ancien 25e du Rite de Perfection : *prince du Royal Secret.*

Il faut laisser de côté le faux Frédéric de ce grade, aussi bien que celui du 21e degré (Noachite), c'est une reconstitution simplement historique de la Sainte-Wœhme.

Ce qui nous intéresse, c'est la figure de ce grade, « le sceau » où nous voyons cinq rayons de lumière entourant un cercle et inscrits eux-mêmes dans un autre cercle enfermé dans un triangle autour duquel est un pentagone, qui reproduit l'analyse du Sphinx, Taureau, Lion, Aigle (à deux têtes) et cœur enflammé et ailé, le tout dominé par la pierre cubique. Autour du sceau sont les *campements* figurant les centres de réalisation maçonnique.

Le 33º degré est, en partie, le développement alchimique du prince du Royal Secret et, en partie, une composition à la sauce Frédéric qui ne nous intéresse pas. Il constitue le grade administratif des centres maçonniques qui peuvent se rattacher à un illuminisme quelconque.

### RÉSUMÉ GÉNÉRAL ET RÉCAPITULATION DES GRADES MAÇONNIQUES

Le coup d'œil que nous venons de jeter sur la hiérarchie des grades maçonniques nous montre qu'ils constituent une réelle progression harmonique, dans laquelle se rencontrent à peine quelques anomalies, comme les grades noachites, composés en dehors de l'action des fondateurs du système maçonnique.

Ces grades symboliques contiennent bien *en germe* tout le système, mais les hauts grades développent harmoniquement ce germe, d'abord sous le point de vue historique, en passant en revue le peuple juif, puis le christianisme, puis le Tribunal secret, les Ordres de chevalerie et les Templiers.

Ce système serait incomplet sans le couronnement vraiment occulte ouvrant à l'initié des vues nouvelles sur le salut de l'Être humain par la prière, le dévouement (18ᵉ) et la charité qui conduisent aux épreuves de la seconde mort et à la perception du plan divin après avoir triomphé des tentations infernales du plan astral. Les Illuminés ont donc personnellement donné à leur œuvre tous ses développements ; comme ils sauront la recréer si elle finit dans le bas matérialisme et l'athéisme.

Le tableau suivant résumera le sens général des différents grades.

| | |
|---|---|
| *Grades Symboliques* 1er, 2e et 3e | Histoire synthétique de l'homme. |
| *Grades Historiques* 4e à 22e | Construction du Temple de Jérusalem. Captivité. Délivrance. Chute de Jérusalem et destruction du Temple. Le Christianisme (18e). Nouvelle Jérusalem. |
| *Grades Templiers* (21e, 13e, 14e et 30e) | Tribunal secret. Chevaliers et Templiers |
| *Grades Hermétiques* 22e à 33e | Premières épreuves de l'Adeptat. L'Adepte prend contact avec le Serpent Astral. *Dédoublement.* L'Adepte triomphe du Serpent Astral et s'élève vers le Plan Divin. Le Triomphe hermétique. Réintégration et retour conscient sur le plan physique. |

L'évolution progressive des grades nous apparaît donc de la façon suivante (voir le tableau ci-après) :

1° Trois grades symboliques ;

2° Trois hauts grades templiers de Ramsay, qui doivent être placés en face des n°s 13, 14 et 30 ;

3° Constitution des grades historiques, développement de l'histoire de Salomon et de la construction du Temple de Jérusalem, 4 à 15 ; destruction du Temple et reconstitution de la Nouvelle Jérusalem par le christianisme, 15 à 22 ;

4° Couronnement des grades historiques par les grades de l'Hermétisme, ouvrant une porte sur l'Illuminisme chrétien, 22 à 25.

Tel est le résumé du Rite de Perfection.

Aux vingt-cinq degrés du Rite de Perfection le Suprême Conseil de Charleston a apporté les changements suivants :

Plusieurs nouveaux grades furent ajoutés, ce sont : le chef du Tabernacle (23), le prince de Merci (24), le chevalier du Serpent d'Airain (25) et le commandeur du Temple (26), le chevalier du Soleil (27). Le prince du Royal Secret occupa les grades 28, 29, 30, 31 et 32 ; le Kadosh, le 28e degré ; et le souverain grand inspecteur général, le 33e et dernier.

A l'arrivée de Grasse Tilly à Paris, une nouvelle disposition fut adoptée qui régit encore l'Écossisme. La voici dans ses grandes lignes : (24°) le prince de Merci devint la prince du Tabernacle ; le commandeur du Temple devint l'Écossais Trinitaire (26e) ; le chevalier du Soleil devint le 28e grade et fut remplacé par le grand commandeur du Temple ; le 29e degré

fut le grand Écossais de Saint-André et le Kadosh
(ancien 24e du Rite de Perfection et 28e de Charleston)
devint définitivement le 30e degré.

Le 31e fut le grand inspecteur ; le prince adepte
constitua le 32e, et le souverain grand inspecteur
général le 33e et dernier degré. Enfin un grade de
noachite, le 21e, remplaça partout le grand maître de
la clef du Rite de Perfection.

| № | | (Rite de Perfection) | (Suprême Conseil de Charleston). | (Convent de Lausanne). |
|---|---|---|---|---|
| 1. | Apprenti .. | (Rite de Perfection) | (Suprême Conseil de Charleston). | (Convent de Lausanne). |
| 2. | Compagnon | » | | |
| 3. | Maître..... | » | » .... | » |
| 4. | » .... | Maître secret........ | » .... | » |
| 5. | » .... | Maître parfait....... | » .... | » |
| 6. | » .... | Secrétaire intime.... | » .... | » |
| 7. | » .... | Prévôt et juge....... | » .... | » |
| 8. | » .... | Intendant des Bâtim$^{ts}$ | » .... | » |
| 9. | » .... | Elu des neuf........ | » .... | » |
| 10. | » .... | Elu des quinze..... | » .... | » |
| 11. | » .... | Illustre Elu......... | » .... | » |
| 12. | (Ramsay).. | G$^d$ Maître architecte. | » .... | » |
| 13. | + Ecossais | Royale arche........ | » .... | » |
| 14. | + Novice. | Grand Elu ancien maître parfait.... | Perfection.......... | » |
| 15. | » . | Chevalier de l'épée.. | Chevalier d'Orient.. | » |
| 16. | » . | Prince de Jérusalem. | » .... | » |
| 17. | » . | Chevalier d'Orient et d'Occident | » .... | » |
| 18. | » . | Chevalier Rose-Croix | » .... | » |
| 19. | » . | Grand Pontife...... | » .... | » |
| 20. | » . | Grand Patriarche.... | Grand Maître de toutes les loges ...... | Vén. G. M. des log[es] |
| 21. | » . | Grand Maître de la Clef | Patriarche Noachite. | Noachite......... |
| 22. | » . | Prince du Liban..... | Royal Hache ou Prince du Liban... | Chevalier Royal H[a]che ............ |
| 23. | » . | » .... | Chef du Tabernacle. | Chef du Tabernac[le] |
| 24. | » . | » .... | Prince de Merci.... | Prince du Tabernac[le] |
| 25. | » . | » .... | Chevalier du Serpent d'Airain.......... | Chevalier du Serp[ent] d'Airain........ |
| 26. | » . | » .... | Commandeur du Temple.......... | Ecossais, Trinitai[re] |
| 27. | » . | » .... | Chevalier du Soleil.. | G$^d$ Commandeur [du] Temple...... |
| 28. | » . | Prince Adepte (23)... | Kadosh............ | Chevalier du Soleil |
| 29. | » . | » .... | » ............ | G$^d$ Ecossais de Sai[nt] André.......... |
| 30. | +Chevalier du Temple. | Chevalier commandeur de l'Aigle Blanc et Noir (24). | Prince du Royal Secret.......... | Kadosh .......... |
| 31. | » . | » .... | Souverain Grand Inspecteur général ... | Grand Inspecteur.. |
| 32. | » . | Souverain Prince de la mac∴ Sublime commandeur du Royal Secret (25).. | » .... | Sub. Prince du Roy[al] Secret.......... |
| 33. | » . | » .... | » .... | Souverain Grand In[s]pecteur général.. |

## DES SYMBOLES ET DE LEUR TRADUCTION

Un mot au sujet de la traduction des symboles, dans toutes leurs adaptations.

Un symbole est une image matérielle d'un principe auquel il se rattache analogiquement. Par suite, le symbole exprime toute l'échelle analogique des correspondances de sa classe, depuis les plus élevées jusqu'aux plus inférieures.

C'est ainsi qu'un grossier sectaire pourra dire que le drapeau n'est qu'un manche à balai peint, supportant trois chiffons colorés : dans ce cas, il matérialise, pour l'avilir, l'idée si belle et si pure de la représentation symbolique de la Patrie.

Aussi ce procédé de dénigrement consistant à donner aux symboles leur correspondance analogique la plus triviale sera-t-il employé avec ravissement par les écrivains cléricaux analysant les symboles maçonniques.

Le principe créateur actif et le principe générateur passif, symbolisés dans l'Église catholique par l'action du Père et du Fils, ont, comme correspondance sexuelle inférieure, le phallus et le ctéis. Aussi les cléricaux n'ont-ils pas manqué de raconter à leurs lecteurs que tout le symbolisme maçonnique, ou toute la tradition initiatique des Illuminés, se réduisait à des représentations de ces organes. C'est là de l'ignorance ou de la mauvaise foi et il faut seulement hausser les épaules devant de tels procédés.

Que diraient les cléricaux, si on leur retournait

leur procédé en leur montrant qu'en raisonnant avec leur mentalité on pourrait dire que le goupillon est une image du phallus fécondateur et que l'eau bénite représente, dans ce cas, l'émission de la substance génératrice : qu'il en est de même de la crosse de l'évêque, tandis que les calices sont des représentations ctéiques ! Que diraient donc les hommes réellement instruits de ces analogies grossières et malpropres ? Ils diraient que c'est faire preuve d'un singulier état d'esprit, bien voisin de la sénilité. Aussi nous semble-t-il que c'est un service à rendre aux écrivains catholiques que de les prier d'étudier un peu mieux ce qu'on entend par une échelle de correspondances analogiques et de ne pas considérer les symboles, même maçonniques, sous ce jour grossier ; car ils risquent de s'en voir faire autant, et ce n'est spirituel et vrai ni d'un côté, ni de l'autre (1).

Voici quelques notes sur le symbolisme des couleurs employées pour les tentures, puis de la parole sacrée que nous empruntons à de l'Aulnaye.

Le blanc est consacré à la *Divinité* ; le noir, à Hiram et au Christ (2) ; aussi se retrouve-t-il dans le *Maître*, l'*Élu*, le *Kadosh* et dans le *Rose-Croix*. Le vert, emblème de *la Vie et de l'Espérance*, l'est aussi

---

(1) Les lecteurs qui voudront étudier les symboles sur des bases sérieuses sont invités à prendre connaissance du très beau travail de M. *Emile Soldi-Colbert de Beaulieu* sur LA LANGUE SACRÉE. C'est un des rares auteurs contemporains qui aient vu clair dans le chaos du symbolisme.

(2) A notre avis, le noir indique surtout passage d'un plan à un autre, résurrection à travers la mort. De là cette consécration au Christ et au symbolique Hiram.    PAPUS.

de *Zorobabel*; voilà pourquoi c'est la couleur du *Maître parfait* et du *Chevalier d'Orient*. Le rouge appartient à Moïse, et surtout à Abraham ; à ce titre, il est la couleur spéciale de l'*Écossais*. Enfin le bleu, qui, comme symbole du séjour céleste, est la couleur du *Sublime Écossais*, se reporte, parmi les Patriarches, à *Adam*, créé dans l'innocence à l'image de Dieu, et habitant le jardin d'Eden (1).

Comme symbole de la *Parole primitive*, le Jehovah appartient spécialement à l'*ancien Maître* ou *Maître parfait*, et comme *Parole retrouvée*, au véritable Écossais, consécrateur du prêtre de Jehovah, ou de l'ancienne loi, par opposition avec la nouvelle. Il se retrouve particulièrement dans le Royal Arche, dans l'Écossais de la Perfection, dans le Maître *ad Vitam*, l'Élu Parfait, l'Élu Suprême, les Écossais de Prusse, de Montpellier, l'Intérieur du Temple, etc. (2).

## LE CRI D'ALARME

C'est à la suite d'une erreur capitale que la Franc-Maçonnerie française, poussée à son insu par les agents de l'étranger, s'est laissée entraîner dans les combats politiques ; on lui a montré le spectre du cléricalisme, comme on montre le manteau rouge au taureau ; on a exalté les tendances matérialistes de ses membres sous prétexte d'en faire des « esprits

---

(1) *Thuileur*, p. 73 (note).
(2) *Thuileur*, p. 89 (note).

libres » et des « hommes de raison », et de l'anticléricalisme à l'athéisme il n'y avait qu'un pas que les
naïfs ont bientôt franchi. A quoi servait de parler de
ce « Grand Architecte de l'Univers » qui devait être
encore quelque produit « de l'Ignorance et de la
Superstition »; à quoi bon ces symboles, « vains sou-
venirs d'un âge d'esclavage et d'obscurantisme »? Et on
a biffé le Grand Architecte sur les planches et sur les
diplômes, et on a réduit les symboles à l'intelligence
des piliers de café chargés de les expliquer.

Le plan de l'étranger était ainsi réalisé. Ces « hommes
libres », ces « êtres à la raison éclatante et éclairée »,
ont été présentés au reste du monde comme des scélérats et des hommes assez vils pour mépriser le
*Grand Architecte* ; et aussitôt, dans toutes les loges
de l'univers, le mot d'ordre a passé rapide comme
l'éclair et les portes se sont fermées, comme par en-
chantement, sur le nez des « libres penseurs français » indignés de trouver partout des « maçons
encore attachés aux erreurs du passé ».

Les malins Français se sont fait jouer comme des
enfants. Leurs relations avec le reste des réunions maç∴
de l'univers étaient coupées pour la grande majorité.
Il restait à couper définitivement tout lien, en lançant
ce qui restait d'Écossais dans la même voie.

La fuite des caissiers, survenue fort à propos, ruina
complètement le Suprême Conseil écossais qui remit
ses loges à la « Grande Loge Symbolique Écossaise », l'enfant de la rebellion, et constitua ainsi la
*Grande Loge de France*, qui, toujours menée en
secret par les intrigues, s'empressa de rayer le nom

du G∴ A∴ qui rattachait encore quelques Français à l'étranger.

Il ne reste plus que quelques chapitres écossais et quelques rares aréopages capables de maintenir le lien avec la Maçonnerie universelle, et l'on travaille ferme à briser ce dernier cordon.

Mais l'Invisible veille. Ce sont des Illuminés qui ont fait la Maçonnerie, et qui ont choisi la France comme centre supérieur dans le Visible comme elle l'est dans l'Invisible ; ce sont aussi des Illuminés qui sauveront encore une fois les aveugles et les sourds.

Que les membres du Suprème Conseil Écossais qui liront ces lignes réfléchissent quelque peu et qu'ils sortent, pour un instant, de l'atmosphère étroite des querelles de personnes et des questions d'argent.

Le salut de l'œuvre patiente de leurs prédécesseurs est dans leurs mains et notre rôle doit se borner à jeter le cri d'alarme.

Du reste, ils savent déjà tout cela et nous n'avons rien à leur apprendre. Nous pouvons avoir pleine et entière confiance dans leur clairvoyance et leur patriotisme.

# CONCLUSION

---

En résumé, les divers représentants contemporains de l'Illuminisme, dont l'Ordre Martiniste forme la branche française et chrétienne, se trouvent actuellement en présence des centres suivants :

1° Les centres cléricaux qui considèrent les Martinistes comme des Francs-Maçons plus satanistes et plus dangereux que les autres. Des efforts ont été faits loyalement pour expliquer aux cléricaux comme aux autres groupes le caractère réel du Martinisme ; ces efforts n'ont servi qu'à faire injurier davantage ceux qui, semblables aux explorateurs, se sont lancés dans les centres cléricaux pour essayer de les éclairer sur les mystifications dont ils ont été et dont ils vont être, de nouveau, victimes.

2° Les rites franc-maçonniques divisés en trois groupes :

A. Les matérialistes athées du *Grand-Orient de France*, mis au ban du reste de l'Univers et qui disparaîtront à la prochaine révolution.

B. Les douze membres parisiens du *Rile de Mis-raïm*, rite n'ayant plus de vitalité et destiné à disparaître sous peu, s'il n'est pas radicalement balayé ou s'il ne fusionne pas avec un autre.

C. Le Rite Écossais dont nous avons justifié la filiation et les grades, le seul capable de sauver la tradition mac.·., si ses chefs continuent à avoir l'énergie nécessaire.

Devant ces divers groupes, le Martinisme manifeste ses tendances absolument indépendantes, prêt à prêter son appui à ceux qui voudront sauver ou renouer leur tradition, et nous allons voir que cet appui n'est pas à dédaigner.

En dehors de Paris, Misraïm n'existe pour ainsi dire pas, et à Paris il existe bien peu.

En dehors de la France, le Grand-Orient ne peut rien et ses officiers sont mis à la porte, comme des valets, de toutes les loges de l'étranger, presque sans exception.

L'Écossais, écrasé par les embarras d'argent, ne peut donner à sa propagande tous les efforts nécesaires.

Or les Illuminés ont conquis, par leur cohésion, une telle place au soleil, qu'ils peuvent, si Dieu veut qu'ils continuent leur marche ascendante, reconstituer les études symboliques, si on les abandonne en France, ou donner leur appui aux pouvoirs réguliers qui voudront reconstituer ces études.

Or, comment se résume actuellement la puissance effective de l'Ordre Martiniste ?

Par ses revues dans presque toutes les langues, dont

en France, une mensuelle de cent pages, une hebdomadaire de huit pages grand in-4°, et un bulletin autographié réservé à sa correspondance administrative en cas de besoin.

Par ses délégués dans tous les pays d'Europe et d'Amérique et par ses initiateurs libres et ses loges répandus partout.

Par ses alliances avec tous les centres d'Illuminisme et d'Idéalisme actuellement faites ou en cours d'exécution.

Enfin et par-dessus tout par son mépris de l'argent, par son amour de la pauvreté qui a permis à l'Ordre de résister à bien des orages.

Or, il n'existe aucun rite en France qui puisse justifier d'un tel rayonnement et de si puissants moyens de propagande, il n'existe aucune organisation capable d'agir sans intermédiaires dans les autres pays, et cela au grand jour, sans serments ni sociétés secrètes, uniquement par ses journaux et ses auteurs, et d'autant plus sérieux qu'il ne s'occupe jamais, ni en France, ni à l'Étranger, de politique ou de religion ; car ses statuts le lui interdisent formellement.

Or cette organisation peut prendre une extension croissante, ou rentrer dans l'ombre et le silence du jour au lendemain, si telle est la nécessité indiquée par l'invisible. C'est là la caractéristique des ordres d'Illuminés.

Si la première hypothèse prévaut, si la marche ascendante de l'Ordre, qui a conquis une à une les diverses contrées d'Europe, se poursuit, il faut s'attendre à des polémiques et à des attaques encore plus violentes, à des calomnies encore plus énormes, à des efforts plus directs visant les personnalités ; mais que nous importe ! On ne s'appuie que sur la résistance ; chaque calomnie, c'est une victoire à l'horizon ; et, accusés d'être des diables par les uns, des cléricaux par les autres, et des magiciens noirs ou des aliénés par la galerie, nous resterons simplement des chevaliers fervents du Christ, des ennemis de la violence et de la vengeance, des synarchistes résolus, opposés à toute anarchie d'en haut ou d'en bas, en un mot des Martinistes comme l'ont été nos glorieux ancêtres Martines de Pasqually, Claude de Saint-Martin et Willermoz.

# PRINCIPALES SOCIÉTÉS

### POURSUIVANT L'ŒUVRE DE LA RÉALISATION

## DU SPIRITUALISME SCIENTIFIQUE

### *Université libre des Hautes Études*
## FACULTÉ DES SCIENCES HERMÉTIQUES

Étude de la Science occulte, de la Kabbale, de l'Histoire des Traditions et des Sociétés initiatiques. Éléments d'hébreu et de sanscrit. — Cours professés à 9 h. du soir plusieurs fois par semaine. — *Diplômes délivrés exclusivement à l'examen.*
Écoles secondaires de la Faculté dans plusieurs grandes villes de France, en Belgique, en Suisse, en Espagne, aux États-Unis et dans la république Argentine.
Pour tous renseignements, s'adresser à M. Sisera, de 2 à 5 heures, 5, rue de Savoie, Paris.

## ORDRE MARTINISTE

Suprême Conseil à Paris. — 11 délégations générales en France. — Délégations et loges dans tous les pays d'Europe. — Délégations et loges en Égypte, en Syrie, aux États-Unis (une dans chaque État de l'Union, avec Grand Conseil), dans la république Argentine et l'Amérique centrale.
Pour tous renseignements, s'adresser par lettre à M. Paul Sédir, 5, rue de Savoie, Paris.

## SOCIÉTÉ ALCHIMIQUE DE FRANCE

Secrétaire général, M. Jollivet-Castelot, 19, rue Saint-Jean, Douai (Nord).

## GROUPE INDÉPENDANT D'ÉTUDES ÉSOTÉRIQUES

Branches et correspondants dans tous les pays. — Étude par groupes fermés des phénomènes psychiques.
Ni cotisations ni droit d'entrée. Siège social, 5, rue de Savoie, Paris.

## SOCIÉTÉ DES CONFÉRENCES SPIRITUALISTES

### SIÈGE SOCIAL :
*Hôtel des Sociétés Savantes, rue Serpente, 28, Paris.*

### RÉUNION DES MEMBRES :
Le 4e Vendredi de chaque mois, à 8 heures 1/2 du soir au Siège social

*Chaque réunion comporte une conférence et la discussion de cette conférence par les membres présents.*

*Pour tous renseignements, s'adresser à M. Alban Dubet, secrétaire général, 23, rue Saint-Merri, Paris.*

1-2-9. — TOURS, E. ARRAULT ET Cⁱᵉ.

www.ingramcontent.com/pod-product-compliance
Lightning Source LLC
Chambersburg PA
CBHW052036270326
41931CB00012B/2517